TRANZLATY

La lingua è per tutti

Мова для всіх

Il richiamo della foresta

Поклик дикої природи

Jack London
Джек Лондон

Italiano / Українська

Copyright © 2025 Tranzlaty
All rights reserved
Published by Tranzlaty
ISBN: 978-1-80572-910-5
Original text by Jack London
The Call of the Wild
First published in 1903
www.tranzlaty.com

Nel primitivo
У первісну епоху

Buck non leggeva i giornali.
Бак не читав газет.
Se avesse letto i giornali avrebbe saputo che i guai si stavano avvicinando.
Якби він читав газети, то знав би, що назрівають проблеми.
Non erano guai solo per lui, ma per tutti i cani da caccia.
Це були проблеми не лише для нього самого, а й для кожного собаки, що мешкає на припливній воді.
Ogni cane con muscoli forti e pelo lungo e caldo sarebbe stato nei guai.
Кожен собака, міцний, м'язистий та з довгою теплою шерстю, мав би потрапити в халепу.
Da Puget Bay a San Diego nessun cane poteva sfuggire a ciò che stava per accadere.
Від П'юджет-Бей до Сан-Дієго жоден собака не міг уникнути того, що мало статися.
Gli uomini, brancolando nell'oscurità artica, avevano trovato un metallo giallo.
Чоловіки, навпомацки блукаючи в арктичній темряві, знайшли жовтий метал.
Le compagnie di navigazione a vapore e di trasporto erano alla ricerca della scoperta.
Пароплавні та транспортні компанії полювали на це відкриття.
Migliaia di uomini si riversarono nel Nord.
Тисячі чоловіків поспішали на Північ.
Questi uomini volevano dei cani, e i cani che volevano erano cani pesanti.
Ці чоловіки хотіли собак, і собаки, які вони хотіли, були важкими собаками.
Cani dotati di muscoli forti per lavorare duro.
Собаки з сильними м'язами, за допомогою яких можна наполегливо працювати.

Cani con il pelo folto che li protegge dal gelo.
Собаки з пухнастою шерстю, щоб захистити їх від морозу.

Buck viveva in una grande casa nella soleggiata Santa Clara Valley.
Бак жив у великому будинку в сонячній долині Санта-Клара.

La casa del giudice Miller era chiamata così.
Будинок судді Міллера, так його називали.

La sua casa era nascosta tra gli alberi, lontana dalla strada.
Його будинок стояв осторонь від дороги, наполовину прихований серед дерев.

Si poteva intravedere l'ampia veranda che circondava la casa.
Можна було побачити широку веранду, що оточує будинок.

Si accedeva alla casa tramite vialetti ghiaiosi.
До будинку вели гравійні під'їзні шляхи.

I sentieri si snodavano attraverso ampi prati.
Стежки звивались крізь широкі розлогі галявини.

In alto si intrecciavano i rami degli alti pioppi.
Над головою перепліталися гілки високих тополь.

Nella parte posteriore della casa le cose erano ancora più spaziose.
У задній частині будинку було ще просторіше.

C'erano grandi scuderie, dove una dozzina di stallieri chiacchieravano
Там були великі стайні, де базікали з десяток конюхів

C'erano file di cottage per i servi ricoperti di vite
Там були ряди хатин слуг, обшитих виноградною лозою

E c'era una serie infinita e ordinata di latrine
І там був нескінченний та впорядкований ряд господарських приміщень

Lunghi pergolati d'uva, pascoli verdi, frutteti e campi di bacche.
Довгі виноградні альтанки, зелені пасовища, фруктові сади та ягідні грядки.

Poi c'era l'impianto di pompaggio per il pozzo artesiano.

Потім була насосна станція для артезіанської свердловини.
E c'era la grande cisterna di cemento piena d'acqua.
А там був великий цементний резервуар, наповнений водою.
Qui i ragazzi del giudice Miller hanno fatto il loro tuffo mattutino.
Тут хлопці судді Міллера здійснили своє ранкове купання.
E lì si rinfrescavano anche nel caldo pomeriggio.
І вони також охолоджувалися там у спекотний день.
E su questo grande dominio, Buck era colui che lo governava tutto.
І над цим великим володінням усім правив Бак.
Buck nacque su questa terra e visse qui tutti i suoi quattro anni.
Бак народився на цій землі та прожив тут усі свої чотири роки.
C'erano effettivamente altri cani, ma non avevano molta importanza.
Дійсно, були й інші собаки, але вони насправді не мали значення.
In un posto vasto come questo ci si aspettava la presenza di altri cani.
У такому величезному місці, як це, очікували інших собак.
Questi cani andavano e venivano oppure vivevano nei canili affollati.
Ці собаки приходили та йшли, або жили в людних вольєрах.
Alcuni cani vivevano nascosti in casa, come Toots e Ysabel.
Деякі собаки жили захованими в будинку, як-от Тутс та Ізабель.
Toots era un carlino giapponese, Ysabel una cagnolina messicana senza pelo.
Тутс був японським мопсом, а Ізабель — мексиканською лисою собакою.
Queste strane creature raramente uscivano di casa.
Ці дивні істоти рідко виходили за межі дому.
Non toccarono terra né annusarono l'aria esterna.

Вони не торкалися землі і не нюхали відкритого повітря надворі.
C'erano anche i fox terrier, almeno una ventina.
Були також фокстер'єри, щонайменше двадцять штук.
Questi terrier abbaiavano ferocemente a Toots e Ysabel in casa.
Ці тер'єри люто гавкали на Тутса та Ізабель у приміщенні.
Toots e Ysabel rimasero dietro le finestre, al sicuro da ogni pericolo.
Тутс та Ізабель залишилися за вікнами, у безпеці від небезпеки.
Erano sorvegliati da domestiche armate di scope e stracci.
Їх охороняли служниці з мітлами та швабрами.
Ma Buck non era un cane da casa e nemmeno da canile.
Але Бак не був домашнім собакою, і він також не був собакою для собачої собачки.
L'intera proprietà apparteneva a Buck come suo legittimo regno.
Вся власність належала Баку як його законне володіння.
Buck nuotava nella vasca o andava a caccia con i figli del giudice.
Бак плавав у акваріумі або ходив на полювання з синами судді.
Camminava con Mollie e Alice nelle prime ore del mattino o tardi.
Він гуляв з Моллі та Алісою рано чи пізно вранці.
Nelle notti fredde si sdraiava davanti al fuoco della biblioteca insieme al giudice.
Холодними ночами він лежав біля каміна в бібліотеці разом із суддею.
Buck accompagnava i nipoti del giudice sulla sua robusta schiena.
Бак возив онуків Судді на своїй міцній спині.
Si rotolava nell'erba insieme ai ragazzi, sorvegliandoli da vicino.
Він валявся в траві з хлопцями, пильно їх охороняючи.

Si avventurarono fino alla fontana e addirittura oltre i campi di bacche.
Вони наважилися підійти до фонтану і навіть пройшли повз ягідні поля.
Tra i fox terrier, Buck camminava sempre con orgoglio regale.
Серед фокстер'єрів Бак завжди ходив з королівською гордістю.
Ignorò Toots e Ysabel, trattandoli come se fossero aria.
Він ігнорував Тутса та Ізабель, ставлячись до них, ніби вони були повітрям.
Buck governava tutte le creature viventi sulla terra del giudice Miller.
Бак панував над усіма живими істотами на землі судді Міллера.
Dominava gli animali, gli insetti, gli uccelli e perfino gli esseri umani.
Він панував над тваринами, комахами, птахами і навіть людьми.
Il padre di Buck, Elmo, era un enorme e fedele San Bernardo.
Батько Бака, Елмо, був величезним і відданим сенбернаром.
Elmo non si allontanò mai dal Giudice e lo servì fedelmente.
Елмо ніколи не відходив від Судді та вірно служив йому.
Buck sembrava pronto a seguire il nobile esempio del padre.
Здавалося, Бак був готовий наслідувати благородний приклад свого батька.
Buck non era altrettanto grande: pesava sessanta chili.
Бак був не такий великий, важив сто сорок фунтів.
Sua madre, Shep, era una splendida cagnolina da pastore scozzese.
Його мати, Шеп, була чудовою шотландською вівчаркою.
Ma nonostante il suo peso, Buck camminava con una presenza regale.
Але навіть з такою вагою Бак ішов з королівською повагою.

Ciò derivava dal buon cibo e dal rispetto che riceveva sempre.
Це походило від смачної їжі та поваги, яку він завжди отримував.
Per quattro anni Buck aveva vissuto come un nobile viziato.
Чотири роки Бак жив як розпещений дворянин.
Era orgoglioso di sé stesso e perfino un po' egocentrico.
Він пишався собою і навіть трохи егоїстично ставився.
Quel tipo di orgoglio era comune tra i signori delle campagne remote.
Така гордість була поширена серед володарів віддалених сільських районів.
Ma Buck si salvò dal diventare un cane domestico viziato.
Але Бак врятував себе від того, щоб стати розпещеним домашнім собакою.
Rimase snello e forte grazie alla caccia e all'esercizio fisico.
Він залишався струнким і сильним завдяки полюванню та фізичним вправам.
Amava profondamente l'acqua, come chi si bagna nei laghi freddi.
Він глибоко любив воду, як люди, що купаються в холодних озерах.
Questo amore per l'acqua mantenne Buck forte e molto sano.
Ця любов до води зберегла Бака сильним і дуже здоровим.
Questo era il cane che Buck era diventato nell'autunno del 1897.
Таким собакою став Бак восени 1897 року.
Quando lo sciopero del Klondike spinse gli uomini verso il gelido Nord.
Коли удар на Клондайку відтягнув чоловіків на замерзлу Північ.
Da ogni parte del mondo la gente accorse in massa verso la fredda terra.
Люди з усього світу кинулися в холодну землю.
Buck, tuttavia, non leggeva i giornali e non capiva le notizie.
Бак, однак, не читав газет і не розумів новин.

Non sapeva che Manuel fosse una persona cattiva con cui stare.
Він не знав, що Мануель — погана людина.
Manuel, che aiutava in giardino, aveva un grosso problema.
Мануель, який допомагав у саду, мав серйозну проблему.
Manuel era dipendente dal gioco d'azzardo alla lotteria cinese.
Мануель був залежним від азартних ігор у китайській лотереї.
Credeva fermamente anche in un sistema fisso per vincere.
Він також твердо вірив у фіксовану систему перемоги.
Questa convinzione rese il suo fallimento certo e inevitabile.
Ця віра робила його невдачу неминучою та неминучою.
Per giocare con un sistema erano necessari soldi, soldi che a Manuel mancavano.
Гра за системою вимагає грошей, яких у Мануеля не було.
Il suo stipendio bastava a malapena a sostenere la moglie e i numerosi figli.
Його зарплата ледве дозволяла утримувати дружину та численних дітей.
La notte in cui Manuel tradì Buck, tutto era normale.
У ніч, коли Мануель зрадив Бака, все було нормально.
Il giudice si trovava a una riunione dell'Associazione dei coltivatori di uva passa.
Суддя був на зустрічі Асоціації виробників родзинок.
A quel tempo i figli del giudice erano impegnati a fondare un club sportivo.
Сини судді тоді були зайняті створенням спортивного клубу.
Nessuno vide Manuel e Buck uscire dal frutteto.
Ніхто не бачив, як Мануель і Бак йшли через сад.
Buck pensava che questa fosse solo una semplice passeggiata notturna.
Бак подумав, що ця прогулянка була простою нічною прогулянкою.
Incontrarono un solo uomo alla stazione della bandiera, a College Park.

На станції прапорів у Коледж-Парку вони зустріли лише одного чоловіка.
Quell'uomo parlò con Manuel e si scambiarono i soldi.
Той чоловік поговорив з Мануелем, і вони обмінялися грошима.
"Imballa la merce prima di consegnarla", suggerì.
«Запакуйте товари, перш ніж доставляти їх», – запропонував він.
La voce dell'uomo era roca e impaziente mentre parlava.
Голос чоловіка був грубим і нетерплячим, коли він говорив.
Manuel legò con cura una corda spessa attorno al collo di Buck.
Мануель обережно обв'язав товсту мотузку навколо шиї Бака.
"Se giri la corda, lo strangolerai di brutto"
«Скрутиш мотузку — і ти його як слід задушиш»
Lo straniero emise un grugnito, dimostrando di aver capito bene.
Незнайомець щось пробурмотів, показуючи, що добре зрозумів.
Quel giorno Buck accettò la corda con calma e silenziosa dignità.
Того дня Бак прийняв мотузку спокійно та тихо з гідністю.
Era un atto insolito, ma Buck si fidava degli uomini che conosceva.
Це був незвичайний вчинок, але Бак довіряв чоловікам, яких знав.
Credeva che la loro saggezza andasse ben oltre il suo pensiero.
Він вважав, що їхня мудрість виходить далеко за межі його власного мислення.
Ma poi la corda venne consegnata nelle mani dello straniero.
Але потім мотузку передали до рук незнайомця.
Buck emise un ringhio basso che suonava come un avvertimento e una minaccia silenziosa.
Бак тихо загарчав, але з тихою загрозою.

Era orgoglioso e autoritario e intendeva mostrare il suo disappunto.
Він був гордий і владний, і мав намір показати своє невдоволення.

Buck credeva che il suo avvertimento sarebbe stato interpretato come un ordine.
Бак вважав, що його попередження буде сприйнято як наказ.

Con suo grande stupore, la corda si strinse rapidamente attorno al suo grosso collo.
На його подив, мотузка міцно затягнулася навколо його товстої шиї.

Gli mancò l'aria e cominciò a lottare in preda a una rabbia improvvisa.
Йому перехопило повітря, і він почав битися в раптовому гніві.

Si lanciò verso l'uomo, che si lanciò rapidamente contro Buck a mezz'aria.
Він стрибнув на чоловіка, який швидко зустрів Бака в повітрі.

L'uomo afferrò Buck per la gola e lo fece ruotare abilmente in aria.
Чоловік схопив Бака за горло та вміло скрутив його в повітрі.

Buck venne scaraventato a terra con violenza, atterrando sulla schiena.
Бака сильно кинуло вниз, і він приземлився ниць на спину.

La corda ora lo strangolava crudelmente mentre lui scalciava selvaggiamente.
Мотузка жорстоко душила його, поки він шалено бив ногами.

La sua lingua cadde fuori, il suo petto si sollevò, ma non riprese fiato.
Його язик випав, груди здіймалися, але дихання не відбувалося.

Non era mai stato trattato con tanta violenza in vita sua.
З ним ніколи в житті не поводилися так жорстоко.

Non era mai stato così profondamente invaso da una rabbia così profonda.
Він також ніколи раніше не був сповнений такої глибокої люті.

Ma il potere di Buck svanì e i suoi occhi diventarono vitrei.
Але сила Бака зникла, а його очі стали скляними.

Svenne proprio mentre un treno veniva fermato lì vicino.
Він знепритомнів саме тоді, коли неподалік зупинився поїзд.

Poi i due uomini lo caricarono velocemente nel vagone bagagli.
Потім двоє чоловіків швидко кинули його у багажний вагон.

La cosa successiva che Buck sentì fu dolore alla lingua gonfia.
Наступне, що Бак відчув, був біль у набряклому язиці.

Si muoveva su un carro traballante, solo vagamente cosciente.
Він рухався у тремтячому візку, ледь притомний.

Il fischio acuto di un treno rivelò a Buck la sua posizione.
Різкий свист поїзда підказав Баку його місцезнаходження.

Aveva spesso cavalcato con il Giudice e conosceva quella sensazione.
Він часто їздив верхи з Суддею і знав це відчуття.

Fu un'esperienza unica viaggiare di nuovo in un vagone bagagli.
Це було неповторне відчуття від подорожі у багажному вагоні знову.

Buck aprì gli occhi e il suo sguardo ardeva di rabbia.
Бак розплющив очі, і його погляд палав люттю.

Questa era l'ira di un re orgoglioso detronizzato.
Це був гнів гордого царя, скинутого з трону.

Un uomo allungò la mano per afferrarlo, ma Buck colpì per primo.
Чоловік простягнув руку, щоб схопити його, але Бак вдарив першим.

Affondò i denti nella mano dell'uomo e la strinse forte.

Він вп'явся зубами в руку чоловіка і міцно тримав.
Non mi lasciò andare finché non svenne per la seconda volta.
Він не відпускав, аж поки вдруге не знепритомнів.
"Sì, ha degli attacchi", borbottò l'uomo al facchino.
«Так, у нього припадки», — пробурмотів чоловік багажнику.
Il facchino aveva sentito la colluttazione e si era avvicinato.
Багажник почув боротьбу і підійшов ближче.
"Lo porto a Frisco per conto del capo", spiegò l'uomo.
«Я везу його до Фріско до боса», — пояснив чоловік.
"C'è un bravo dottore per cani che dice di poterli curare."
«Там є чудовий собаківник, який каже, що може їх вилікувати».
Più tardi quella notte l'uomo raccontò la sua versione completa.
Пізніше того ж вечора чоловік дав свою повну розповідь.
Parlava da un capannone dietro un saloon sul molo.
Він говорив з сараю за салуном на доках.
"Mi hanno dato solo cinquanta dollari", si lamentò con il gestore del saloon.
«Мені дали лише п'ятдесят доларів», – поскаржився він працівнику салуну.
"Non lo rifarei, nemmeno per mille dollari in contanti."
«Я б не зробив цього знову, навіть за тисячу готівкою».
La sua mano destra era strettamente avvolta in un panno insanguinato.
Його права рука була щільно обмотана закривавленою тканиною.
La gamba dei suoi pantaloni era completamente strappata dal ginocchio al piede.
Його штанина була розірвана від коліна до п'яти.
"Quanto è stato pagato l'altro tizio?" chiese il gestore del saloon.
«Скільки отримав інший кухоль?» — спитав працівник салуну.
«Cento», rispose l'uomo, «non ne accetterebbe uno in meno».

«Сотню», — відповів чоловік, — «він не візьме ні цента менше».

"Questo fa centocinquanta", disse il gestore del saloon.

«Виходить сто п'ятдесят», — сказав працівник салуну.

"E lui li merita tutti, altrimenti non sono meglio di uno stupido."

«І він вартий усього цього, бо інакше я не кращий за йолопа».

L'uomo aprì gli involucri per esaminarsi la mano.

Чоловік розгорнув обгортку, щоб оглянути свою руку.

La mano era gravemente graffiata e ricoperta di croste di sangue secco.

Рука була сильно порвана та вкрита кіркою засохлої крові.

"Se non mi viene l'idrofobia..." cominciò a dire.

«Якщо в мене не почнеться гідрофобія…» — почав він.

"Sarà perché sei nato per impiccarti", giunse una risata.

«Це буде тому, що ти народився вішати», — пролунав сміх.

"Aiutami prima di partire", gli chiesero.

«Допоможи мені, перш ніж ти підеш», – попросили його.

Buck era stordito dal dolore alla lingua e alla gola.

Бак був приголомшений болем у язиці та горлі.

Era mezzo strangolato e riusciva a malapena a stare in piedi.

Він був наполовину задушений і ледве міг стояти на ногах.

Ciononostante, Buck cercò di affrontare gli uomini che lo avevano ferito così duramente.

І все ж Бак намагався дивитися в очі чоловікам, які так його образили.

Ma lo gettarono a terra e lo strangolarono ancora una volta.

Але вони знову кинули його на землю та задушили.

Solo allora riuscirono a segargli il pesante collare di ottone.

Тільки тоді вони змогли відпиляти його важкий латунний нашийник.

Tolsero la corda e lo spinsero in una cassa.

Вони зняли мотузку та запхали його в клітку.

La cassa era piccola e aveva la forma di una gabbia di ferro grezza.

Ящик був невеликий і за формою нагадував грубу залізну клітку.
Buck rimase lì per tutta la notte, pieno di rabbia e di orgoglio ferito.
Бак пролежав там усю ніч, сповнений гніву та ображеної гордості.
Non riusciva nemmeno a capire cosa gli stesse succedendo.
Він ніяк не міг зрозуміти, що з ним відбувається.
Perché quegli strani uomini lo tenevano in quella piccola cassa?
Чому ці дивні чоловіки тримали його в цій маленькій клітці?
Cosa volevano da lui e perché questa crudele prigionia?
Чого вони від нього хотіли, і чому цей жорстокий полон?
Sentì una pressione oscura e la sensazione che il disastro si avvicinasse.
Він відчував темний тиск; відчуття наближення катастрофи.
Era una paura vaga, ma si impadronì pesantemente del suo spirito.
Це був нечіткий страх, але він важко дав йому на душу.
Diverse volte sobbalzò quando la porta del capanno sbatteva.
Кілька разів він підстрибував, коли двері сараю загуркотіли.
Si aspettava che il giudice o i ragazzi apparissero e lo salvassero.
Він очікував, що з'явиться Суддя або хлопці та врятує його.
Ma ogni volta solo la faccia grassa del gestore del saloon faceva capolino all'interno.
Але щоразу всередину заглядало лише огрядне обличчя власника салуну.
Il volto dell'uomo era illuminato dalla debole luce di una candela di sego.
Обличчя чоловіка освітлювало тьмяне сяйво сальній свічки.

Ogni volta, il latrato gioioso di Buck si trasformava in un ringhio basso e arrabbiato.
Щоразу радісний гавкіт Бака змінювався низьким, сердитим гарчанням.

Il gestore del saloon lo ha lasciato solo per la notte nella cassa
Власник салуну залишив його самого на ніч у клітці.

Ma quando si svegliò la mattina seguente, altri uomini stavano arrivando.
Але коли він прокинувся вранці, наближалося ще більше чоловіків.

Arrivarono quattro uomini e, con cautela, sollevarono la cassa senza dire una parola.
Підійшли четверо чоловіків і обережно підняли ящик, не кажучи ні слова.

Buck capì subito in quale situazione si trovava.
Бак одразу зрозумів, у якому становищі він опинився.

Erano ulteriori tormentatori che doveva combattere e temere.
Вони були ще більшими мучителями, з якими йому доводилося боротися та яких він боявся.

Questi uomini apparivano malvagi, trasandati e molto mal curati.
Ці чоловіки виглядали злими, обшарпаними та дуже погано доглянутими.

Buck ringhiò e si lanciò contro di loro con furia attraverso le sbarre.
Бак загарчав і люто кинувся на них крізь ґрати.

Si limitarono a ridere e a colpirlo con lunghi bastoni di legno.
Вони лише сміялися та тикали його довгими дерев'яними палицями.

Buck morse i bastoncini, poi capì che era quello che gli piaceva.
Бак покусував палиці, а потім зрозумів, що саме це їм і подобається.

Così si sdraiò in silenzio, imbronciato e acceso da una rabbia silenziosa.
Тож він ліг тихо, похмурий і палаючи тихою лютгю.
Caricarono la cassa su un carro e se ne andarono con lui.
Вони завантажили ящик у фургон і поїхали з ним.
La cassa, con Buck chiuso dentro, cambiò spesso proprietario.
Ящик, в якому був замкнений Бак, часто переходив з рук в руки.
Gli impiegati dell'ufficio espresso presero in mano la situazione e si occuparono di lui per un breve periodo.
Клерки експрес-відділення взялися за справу та коротко з ним розібралися.
Poi un altro carro trasportò Buck attraverso la rumorosa città.
Потім інший фургон повіз Бака через галасливе місто.
Un camion lo portò con sé scatole e pacchi su un traghetto.
Вантажівка з коробками та посилками завезла його на пором.
Dopo l'attraversamento, il camion lo scaricò presso un deposito ferroviario.
Після перетину вантажівка вивантажила його на залізничному депо.
Alla fine Buck venne fatto salire a bordo di un vagone espresso in attesa.
Нарешті Бака посадили у вагон експреса, що чекав.
Per due giorni e due notti i treni trascinarono via il vagone espresso.
Протягом двох днів і ночей поїзди тягнули швидкісний вагон геть.
Buck non mangiò né bevve durante tutto il doloroso viaggio.
Бак не їв і не пив протягом усієї болісної подорожі.
Quando i messaggeri cercarono di avvicinarlo, lui ringhiò.
Коли кур'єри спробували підійти до нього, він загарчав.
Risposero prendendolo in giro e prendendolo in giro crudelmente.
Вони відповіли, насміхаючись з нього та жорстоко дражнячи його.

Buck si gettò contro le sbarre, schiumando e tremando
Бак кинувся на грати, пінився і тремтів.
risero sonoramente e lo presero in giro come i bulli della scuola.
вони голосно сміялися та знущалися з нього, як шкільні хулігани.
Abbaiavano come cani finti e agitavano le braccia.
Вони гавкали, як фальшиві собаки, і розмахували руками.
Arrivarono persino a cantare come galli, solo per farlo arrabbiare ancora di più.
Вони навіть кукурікали, як півні, тільки щоб ще більше його засмутити.
Era un comportamento sciocco e Buck sapeva che era ridicolo.
Це була дурна поведінка, і Бак знав, що це смішно.
Ma questo non fece altro che accrescere il suo senso di indignazione e vergogna.
Але це лише посилило його почуття обурення та сорому.
Durante il viaggio la fame non lo disturbò molto.
Під час подорожі його не дуже турбував голод.
Ma la sete portava con sé dolori acuti e sofferenze insopportabili.
Але спрага приносила гострий біль і нестерпні страждання.
La sua gola secca e infiammata e la lingua bruciavano per il calore.
Його сухе, запалене горло та язик пекли від жару.
Questo dolore alimentava la febbre che cresceva nel suo corpo orgoglioso.
Цей біль підживлював жар, що піднімався в його гордому тілі.
Durante questa prova Buck fu grato per una sola cosa.
Бак був вдячний за одну єдину річ під час цього випробування.
Gli avevano tolto la corda dal grosso collo.
Мотузку зняли з його товстої шиї.

La corda aveva dato a quegli uomini un vantaggio ingiusto e crudele.
Мотузка дала цим чоловікам несправедливу та жорстоку перевагу.

Ora la corda non c'era più e Buck giurò che non sarebbe mai più tornata.
Тепер мотузки не було, і Бак клявся, що вона ніколи не повернеться.

Decise che nessuna corda gli sarebbe mai più passata intorno al collo.
Він вирішив, що жодна мотузка більше ніколи не обв'яже його шию.

Per due lunghi giorni e due lunghe notti soffrì senza cibo.
Протягом двох довгих днів і ночей він страждав без їжі.

E in quelle ore, accumulò dentro di sé una rabbia enorme.
І в ці години він накопичив у собі величезну лють.

I suoi occhi diventarono iniettati di sangue e selvaggi per la rabbia costante.
Його очі налилися кров'ю та стали дикими від постійного гніву.

Non era più Buck, ma un demone con le fauci che schioccavano.
Він більше не був Баком, а демоном із клацаючими щелепами.

Nemmeno il Giudice avrebbe potuto riconoscere questa folle creatura.
Навіть Суддя не впізнав би цю божевільну істоту.

I messaggeri espressi tirarono un sospiro di sollievo quando giunsero a Seattle
Кур'єри зітхнули з полегшенням, коли дісталися до Сіетла.

Quattro uomini sollevarono la cassa e la portarono in un cortile sul retro.
Четверо чоловіків підняли ящик і винесли його на задній двір.

Il cortile era piccolo, circondato da mura alte e solide.

Двір був невеликий, оточений високими та міцними стінами.
Un uomo corpulento uscì dalla stanza con una scollatura larga e una camicia rossa.
Звідти вийшов кремезний чоловік у обвислій червоній сорочці-светрі.
Firmò il registro delle consegne con una calligrafia spessa e decisa.
Він підписав книгу прийому-передачі товстим і жирним почерком.
Buck intuì subito che quell'uomo era il suo prossimo aguzzino.
Бак одразу відчув, що цей чоловік — його наступний мучитель.
Si lanciò violentemente contro le sbarre, con gli occhi rossi di rabbia.
Він люто кинувся на грати, його очі були червоні від люті.
L'uomo si limitò a sorridere amaramente e andò a prendere un'ascia.
Чоловік лише похмуро посміхнувся та пішов по сокирку.
Teneva anche una mazza nella sua grossa e forte mano destra.
Він також приніс палицю у своїй товстій і сильній правій руці.
"Lo porterai fuori adesso?" chiese l'autista preoccupato.
«Ви його зараз вивезете?» — стурбовано запитав водій.
"Certo", disse l'uomo, infilando l'ascia nella cassa come se fosse una leva.
«Звичайно», — сказав чоловік, встромляючи сокирку в ящик як важіль.
I quattro uomini si dileguarono all'istante, saltando sul muro del cortile.
Четверо чоловіків миттєво розбіглися, пострибавши на стіну подвір'я.
Dai loro punti sicuri in alto, aspettavano di ammirare lo spettacolo.

Зі своїх безпечних місць угорі вони чекали, щоб спостерігати за видовищем.

Buck si lanciò contro il legno scheggiato, mordendolo e scuotendolo violentemente.

Бак кинувся на розколотий ґрунт, кусаючись і люто трясучись.

Ogni volta che l'ascia colpiva la gabbia, Buck era lì pronto ad attaccarla.

Щоразу, як сокира влучала в клітку, Бак був там, щоб напасти на неї.

Ringhiò e schioccò le dita in preda a una rabbia selvaggia, desideroso di essere liberato.

Він гарчав і огризався з дикою люттю, прагнучи звільнитися.

L'uomo all'esterno era calmo e fermo, concentrato sul suo compito.

Чоловік надворі був спокійний і врівноважений, зосереджений на своєму завданні.

"Bene allora, diavolo dagli occhi rossi", disse quando il buco fu grande.

«Гаразд, червоноокий дияволе», — сказав він, коли діра стала великою.

Lasciò cadere l'ascia e prese la mazza nella mano destra.

Він кинув сокирку і взяв палицю в праву руку.

Buck sembrava davvero un diavolo: aveva gli occhi iniettati di sangue e fiammeggianti.

Бак справді був схожий на диявола; очі налиті кров'ю та палахкотливі.

Il suo pelo si rizzò, la schiuma gli salì alla bocca e gli occhi brillarono.

Його пальто стало дибки, піна виступала з рота, очі блищали.

Lui tese i muscoli e si lanciò dritto verso il maglione rosso.

Він напружив м'язи та кинувся прямо на червоний светр.

Centoquaranta libbre di furia si riversarono sull'uomo calmo.

Сто сорок фунтів люті полетіли на спокійного чоловіка.

Un attimo prima che le sue fauci si chiudessero, un colpo terribile lo colpì.
Якраз перед тим, як його щелепи стиснулися, його вдарив жахливий удар.

I suoi denti si schioccarono insieme solo sull'aria
Його зуби клацнули, не обхопивши нічого, крім повітря.

una scossa di dolore gli risuonò nel corpo
по його тілу пронизав приплив болю

Si capovolse a mezz'aria e cadde sulla schiena e su un fianco.
Він перевернувся в повітрі та впав на спину та бік.

Non aveva mai sentito prima un colpo di mazza e non riusciva a sostenerlo.
Він ніколи раніше не відчував удару палицею і не міг його збагнути.

Con un ringhio acuto, in parte abbaio, in parte urlo, saltò di nuovo.
З пронизливим гарчанням, частково гавкотом, частково криком, він знову стрибнув.

Un altro colpo violento lo colpì e lo scaraventò a terra.
Ще один жорстокий удар вдарив його та кинув на землю.

Questa volta Buck capì: era la pesante clava dell'uomo.
Цього разу Бак зрозумів — це була важка палиця цього чоловіка.

Ma la rabbia lo accecò e non pensò minimamente di ritirarsi.
Але лють засліпила його, і він не думав про відступ.

Dodici volte si lanciò e dodici volte cadde.
Дванадцять разів він кидався вперед і дванадцять разів падав.

La mazza di legno lo colpiva ogni volta con una forza spietata e schiacciante.
Дерев'яна палиця щоразу розбивала його з безжальною, нищівною силою.

Dopo un colpo violento, si rialzò barcollando, stordito e lento.
Після одного сильного удару він, приголомшений і повільний, похитуючись підвівся на ноги.

Il sangue gli colava dalla bocca, dal naso e perfino dalle orecchie.
Кров текла з його рота, носа і навіть вух.
Il suo mantello, un tempo bellissimo, era imbrattato di schiuma insanguinata.
Його колись гарне пальто було заляпане кривавою піною.
Poi l'uomo si fece avanti e gli sferrò un violento colpo al naso.
Тоді чоловік підійшов і завдав жорстокого удару в ніс.
L'agonia fu più acuta di qualsiasi cosa Buck avesse mai provato.
Біль був сильнішим за будь-що, що Бак коли-небудь відчував.
Con un ruggito più da bestia che da cane, balzò di nuovo all'attacco.
З ревом, скоріше звіриним, ніж собачим, він знову стрибнув в атаку.
Ma l'uomo gli afferrò la mascella inferiore e la torse all'indietro.
Але чоловік схопив його за нижню щелепу та вивернув її назад.
Buck si girò a testa in giù e cadde di nuovo violentemente al suolo.
Бак перевернувся головою догори ногами та знову сильно впав.
Un'ultima volta, Buck si lanciò verso di lui, ormai a malapena in grado di reggersi in piedi.
Востаннє Бак кинувся на нього, ледве тримаючись на ногах.
L'uomo colpì con sapiente tempismo, sferrando il colpo finale.
Чоловік завдав вирішального удару з влучним моментом.
Buck crollò a terra, privo di sensi e immobile.
Бак звалився купою, непритомний і нерухомий.
"Non è uno stupido ad addestrare i cani, ecco cosa dico io", urlò un uomo.

«Він не лайно чіпляється до собак, ось що я кажу», — крикнув чоловік.

"Druther può spezzare la volontà di un segugio in qualsiasi giorno della settimana."

«Друтер може зламати волю пса будь-якого дня тижня».

"E due volte di domenica!" aggiunse l'autista.

«І двічі в неділю!» — додав водій.

Salì sul carro e tirò le redini per partire.

Він заліз у віз і смикнув поводи, щоб вирушити.

Buck riprese lentamente il controllo della sua coscienza

Бак повільно відновлював контроль над своєю свідомістю

ma il suo corpo era ancora troppo debole e rotto per muoversi.

але його тіло було все ще надто слабке та зламане, щоб рухатися.

Rimase lì dove era caduto, osservando l'uomo con il maglione rosso.

Він лежав там, де впав, спостерігаючи за чоловіком у червоному светрі.

"Risponde al nome di Buck", disse l'uomo, leggendo ad alta voce.

«Він відгукується на ім'я Бак», — сказав чоловік, читаючи вголос.

Citò la nota inviata con la cassa di Buck e i dettagli.

Він процитував записку, надіслану разом із ящиком Бака, та подробиці.

"Bene, Buck, ragazzo mio", continuò l'uomo con tono amichevole,

«Ну, Баку, хлопчику мій», — продовжив чоловік дружнім тоном,

"Abbiamo avuto il nostro piccolo litigio, e ora tra noi è finita."

«Ми вже трохи посварилися, і тепер між нами все скінчено».

"Tu hai imparato qual è il tuo posto, e io ho imparato qual è il mio", ha aggiunto.

«Ти зрозумів своє місце, а я своє», – додав він.

"Sii buono e tutto andrà bene e la vita sarà piacevole."
«Будьте добрими, і все буде добре, а життя буде приємним».
"Ma se sei cattivo, ti spaccherò a morte, capito?"
«Але будь поганим, і я тебе відлупцюю, зрозумів?»
Mentre parlava, allungò la mano e accarezzò la testa dolorante di Buck.
Говорячи, він простягнув руку і поплескав Бака по хворій голові.
I capelli di Buck si rizzarono al tocco dell'uomo, ma lui non oppose resistenza.
Волосся Бака стало дибки від дотику чоловіка, але він не чинив опору.
L'uomo gli portò dell'acqua e Buck la bevve a grandi sorsi.
Чоловік приніс йому води, яку Бак випив великими ковтками.
Poi arrivò la carne cruda, che Buck divorò pezzo per pezzo.
Потім було сире м'ясо, яке Бак пожирав шматок за шматком.
Sapeva di essere stato sconfitto, ma sapeva anche di non essere distrutto.
Він знав, що його перемогли, але він також знав, що не зламаний.
Non aveva alcuna possibilità contro un uomo armato di manganello.
У нього не було жодних шансів проти чоловіка, озброєного кийком.
Aveva imparato la verità e non dimenticò mai quella lezione.
Він пізнав правду і ніколи не забував цього уроку.
Quell'arma segnò l'inizio della legge nel nuovo mondo di Buck.
Ця зброя стала початком права в новому світі Бака.
Fu l'inizio di un ordine duro e primitivo che non poteva negare.
Це був початок суворого, примітивного порядку, який він не міг заперечити.

Accettò la verità: i suoi istinti selvaggi erano ormai risvegliati.
Він прийняв правду; його дикі інстинкти тепер прокинулися.
Il mondo era diventato più duro, ma Buck lo affrontò coraggiosamente.
Світ став суворішим, але Бак мужньо з цим зіткнувся.
Affrontò la vita con una nuova cautela, astuzia e una forza silenziosa.
Він зустрів життя з новою обережністю, хитрістю та тихою силою.
Arrivarono altri cani, legati con corde o gabbie, come era successo a Buck.
Прибуло ще собак, прив'язаних мотузками або клітками, як і Бака.
Alcuni cani procedevano con calma, altri si infuriavano e combattevano come bestie feroci.
Деякі собаки приходили спокійно, інші лютували та билися, як дикі звірі.
Tutti loro furono sottoposti al dominio dell'uomo con il maglione rosso.
Усіх їх підкорили чоловікові в червоному светрі.
Ogni volta Buck osservava e vedeva svolgersi la stessa lezione.
Щоразу Бак спостерігав і бачив, як розгортається той самий урок.
L'uomo con la clava era la legge: un padrone a cui obbedire.
Чоловік з палицею був законом; господарем, якому треба було слухатися.
Non era necessario che gli piacesse, ma che gli si obbedisse.
Йому не потрібно було подобатися, але йому потрібно було слухатися.
Buck non si è mai mostrato adulatore o scodinzolante come facevano i cani più deboli.
Бак ніколи не підлабузувався і не виляв лапами, як це робили слабші собаки.

Vide dei cani che erano stati picchiati e che continuavano a leccare la mano dell'uomo.
Він побачив побитих собак і все одно лизав руку чоловіка.
Vide un cane che non obbediva né si sottometteva affatto.
Він побачив одного собаку, який зовсім не слухався і не підкорявся.
Quel cane ha combattuto fino alla morte nella battaglia per il controllo.
Той собака бився, доки його не вбили в битві за контроль.
A volte degli sconosciuti venivano a trovare l'uomo con il maglione rosso.
Іноді до чоловіка в червоному светрі приходили незнайомці.
Parlavano con toni strani, supplicando, contrattando e ridendo.
Вони розмовляли дивними тонами, благали, торгувалися та сміялися.
Dopo aver scambiato i soldi, se ne andavano con uno o più cani.
Коли обмінювали гроші, вони йшли з одним або кількома собаками.
Buck si chiese dove andassero questi cani, perché nessuno faceva mai ritorno.
Бак задумався, куди поділися ці собаки, бо жоден з них так і не повернувся.
la paura dell'ignoto riempiva Buck ogni volta che un uomo sconosciuto si avvicinava
Страх невідомого сповнював Бака щоразу, коли приходив незнайомий чоловік
era contento ogni volta che veniva preso un altro cane, al posto suo.
Він радів щоразу, коли забирали іншого собаку, а не себе.
Ma alla fine arrivò il turno di Buck con l'arrivo di uno strano uomo.
Але нарешті настала черга Бака з приходом дивного чоловіка.

Era piccolo, nervoso e parlava un inglese stentato e imprecava.
Він був маленький, жилистий, розмовляв ламаною англійською та лаявся.

"Sacredam!" urlò quando vide il corpo di Buck.
«Святий!» — крикнув він, побачивши Бака.

"Che cane maledetto e prepotente! Eh? Quanto costa?" chiese ad alta voce.
«Ось який клятий пес-хуліган! Га? Скільки?» — спитав він уголос.

"Trecento, ed è un regalo a quel prezzo",
«Триста, і за таку ціну він — справжній подарунок»,

"Dato che sono soldi del governo, non dovresti lamentarti, Perrault."
«Оскільки це державні гроші, тобі не варто скаржитися, Перро».

Perrault sorrise pensando all'accordo che aveva appena concluso con quell'uomo.
Перро посміхнувся угоді, яку щойно уклав з цим чоловіком.

Il prezzo dei cani è salito alle stelle a causa della domanda improvvisa.
Ціна на собак різко зросла через раптовий попит.

Trecento dollari non erano ingiusti per una bestia così bella.
Триста доларів – це не шкода для такого чудового звіра.

Il governo canadese non perderebbe nulla dall'accordo
Уряд Канади нічого не втратить від угоди

Né i loro comunicati ufficiali avrebbero subito ritardi nel trasporto.
Також їхні офіційні відправлення не затримуватимуться під час транспортування.

Perrault conosceva bene i cani e capì che Buck era una rarità.
Перро добре знав собак і бачив, що Бак — це щось рідкісне.

"Uno su dieci diecimila", pensò, mentre studiava la corporatura di Buck.

«Один з десяти десяти тисяч», – подумав він, вивчаючи статуру Бака.

Buck vide il denaro cambiare di mano, ma non mostrò alcuna sorpresa.
Бак бачив, як гроші переходили з рук в руки, але не виявляв здивування.

Poco dopo lui e Curly, un gentile Terranova, furono portati via.
Невдовзі його та Кучерява, лагідного ньюфаундленда, повели геть.

Seguirono l'omino dal cortile della casa con il maglione rosso.
Вони пішли за маленьким чоловічком з подвір'я червоного светра.

Quella fu l'ultima volta che Buck vide l'uomo con la mazza di legno.
Це був останній раз, коли Бак бачив чоловіка з дерев'яною палицею.

Dal ponte del Narwhal guardò Seattle svanire in lontananza.
З палуби «Нарвала» він спостерігав, як Сіетл зникає вдалині.

Fu anche l'ultima volta che vide le calde terre del Sud.
Це також був останній раз, коли він бачив теплу Південну землю.

Perrault li portò sottocoperta e li lasciò con François.
Перро відвів їх під палубу і залишив із Франсуа.

François era un gigante con la faccia nera e le mani ruvide e callose.
Франсуа був чорнолицьим велетнем із шорсткими, мозолистими руками.

Era un uomo dalla carnagione scura e dalla carnagione scura, un meticcio franco-canadese.
Він був темноволосий і смаглявий; метис франкоканадця.

Per Buck, quegli uomini erano come non li aveva mai visti prima.
Бак здавався йому такими, яких він ніколи раніше не бачив.

Nei giorni a venire avrebbe avuto modo di conoscere molti di questi uomini.
У найближчі дні він познайомиться з багатьма такими чоловіками.
Non cominciò ad affezionarsi a loro, ma finì per rispettarli.
Він не полюбив їх, але почав поважати.
Erano giusti e saggi e non si lasciavano ingannare facilmente da nessun cane.
Вони були справедливими та мудрими, і жодному собаці їх нелегко було обдурити.
Giudicavano i cani con calma e punivano solo quando meritavano.
Вони спокійно судили собак і карали лише тоді, коли вони були на це заслуговували.
Sul ponte inferiore del Narwhal, Buck e Curly incontrarono due cani.
На нижній палубі «Нарвала» Бак і Кучерява зустріли двох собак.
Uno era un grosso cane bianco proveniente dalle lontane e gelide isole Spitzbergen.
Один з них був великий білий собака з далекого, крижаного Шпіцбергена.
In passato aveva navigato su una baleniera e si era unito a un gruppo di ricerca.
Колись він плавав з китобійним судном і приєднався до дослідницької групи.
Era amichevole, ma astuto, subdolo e subdolo.
Він був дружелюбним, але хитрим, підступним та хитрим.
Al loro primo pasto, rubò un pezzo di carne dalla padella di Buck.
Під час їхнього першого прийому їжі він украв шматок м'яса з Бакової сковороди.
Buck saltò per punirlo, ma la frusta di François colpì per prima.
Бак стрибнув, щоб покарати його, але батіг Франсуа вдарив першим.
Il ladro bianco urlò e Buck reclamò l'osso rubato.

Білий злодій скрикнув, і Бак забрав собі вкрадену кістку.
Questa correttezza colpì Buck e François si guadagnò il suo rispetto.
Така справедливість вразила Бака, і Франсуа заслужив його повагу.
L'altro cane non lo salutò e non volle nessuno in cambio.
Інший собака не привітався і не потребував жодної відповіді у відповідь.
Non rubava il cibo, né annusava con interesse i nuovi arrivati.
Він не крав їжі і не обнюхував новоприбулих з цікавістю.
Questo cane era cupo e silenzioso, cupo e lento nei movimenti.
Цей собака був похмурим і тихим, похмурим і повільним.
Avvertì Curly di stargli lontano semplicemente lanciandole un'occhiata fulminante.
Він попередив Кучерява триматися подалі, просто глянувши на неї.
Il suo messaggio era chiaro: lasciatemi in pace o saranno guai.
Його послання було чітким: залиште мене в спокої, або будуть проблеми.
Si chiamava Dave e non faceva quasi caso a ciò che lo circondava.
Його звали Дейв, і він ледве помічав, що відбувається навколо.
Dormiva spesso, mangiava tranquillamente e sbadigliava di tanto in tanto.
Він часто спав, тихо їв і час від часу позіхав.

La nave ronzava costantemente con il rumore dell'elica sottostante.
Корабель безперервно гудів, а внизу бив гвинт.
I giorni passarono senza grandi cambiamenti, ma il clima si fece più freddo.
Дні минали майже без змін, але погода ставала холоднішою.

Buck se lo sentiva nelle ossa e notò che anche gli altri lo sentivano.
Бак відчував це аж до кісток і помітив, що інші теж.
Poi una mattina l'elica si fermò e tutto rimase immobile.
Потім одного ранку пропелер зупинився, і все стихло.
Un'energia percorse la nave: qualcosa era cambiato.
Корабель пронизала енергія; щось змінилося.
François scese, li mise al guinzaglio e li portò su.
Франсуа спустився вниз, прив'язав їх на повідки та вивів нагору.
Buck uscì e trovò il terreno morbido, bianco e freddo.
Бак вийшов і побачив, що земля м'яка, біла та холодна.
Lui fece un balzo indietro allarmato e sbuffò in preda alla confusione più totale.
Він стривожено відскочив назад і пирхнув у повній розгубленості.
Una strana sostanza bianca cadeva dal cielo grigio.
З сірого неба падала дивна біла речовина.
Si scosse, ma i fiocchi bianchi continuavano a cadergli addosso.
Він струсив себе, але білі смужки продовжували падати на нього.
Annusò attentamente la sostanza bianca e ne leccò alcuni pezzetti ghiacciati.
Він обережно понюхав білу речовину та злизав кілька крижаних шматочків.
La polvere bruciò come il fuoco e poi svanì subito dalla sua lingua.
Порошок пек, як вогонь, а потім просто зник з його язика.
Buck ci riprovò, sconcertato dallo strano freddo che svaniva.
Бак спробував ще раз, здивований дивним зникаючим холодом.
Gli uomini intorno a lui risero e Buck si sentì in imbarazzo.
Чоловіки навколо нього засміялися, і Баку стало ніяково.
Non sapeva perché, ma si vergognava della sua reazione.
Він не знав чому, але йому було соромно за свою реакцію.
Era la sua prima esperienza con la neve e la cosa lo confuse.

Це був його перший досвід зі снігом, і це його збентежило.

La legge del bastone e della zanna
Закон палиці та ікла

Il primo giorno di Buck sulla spiaggia di Dyea è stato un terribile incubo.
Перший день Бака на пляжі Дайя був схожий на жахливий кошмар.
Ogni ora portava con sé nuovi shock e cambiamenti inaspettati per Buck.
Кожна година приносила Баку нові сюрпризи та несподівані зміни.
Era stato strappato alla civiltà e gettato nel caos più totale.
Його вирвали з цивілізації та кинули в дикий хаос.
Questa non era una vita soleggiata e pigra, fatta di noia e riposo.
Це не було сонячне, лінивe життя з нудьгою та відпочинком.
Non c'era pace, né riposo, né momento senza pericolo.
Не було ні спокою, ні відпочинку, ні хвилини без небезпеки.
La confusione regnava su tutto e il pericolo era sempre vicino.
Усім панувала плутанина, а небезпека завжди була поруч.
Buck doveva stare attento perché quegli uomini e quei cani erano diversi.
Баку доводилося бути напоготові, бо ці чоловіки та собаки були іншими.
Non provenivano da città; erano selvaggi e spietati.
Вони не були з міст; вони були дикі та безжальні.
Questi uomini e questi cani conoscevano solo la legge del bastone e della zanna.
Ці чоловіки та собаки знали лише закон палиці та ікла.

Buck non aveva mai visto dei cani combattere come questi feroci husky.
Бак ніколи не бачив, щоб собаки билися так, як ці дикі хаскі.
La sua prima esperienza gli insegnò una lezione che non avrebbe mai dimenticato.
Його перший досвід навчив його уроку, який він ніколи не забуде.
Fu una fortuna che non fosse lui, altrimenti sarebbe morto anche lui.
Йому пощастило, що це був не він, інакше він би теж загинув.
Curly era quello che soffriva, mentre Buck osservava e imparava.
Кучерява був тим, хто страждав, поки Бак спостерігав і навчався.
Si erano accampati vicino a un deposito costruito con tronchi.
Вони розбили табір біля магазину, збудованого з колод.
Curly cercò di essere amichevole con un grosso husky simile a un lupo.
Кучерява намагався бути привітним до великої, схожої на вовка хаскі.
L'husky era più piccolo di Curly, ma aveva un aspetto selvaggio e cattivo.
Хаскі був менший за Кучерява, але виглядав диким і злим.
Senza preavviso, lui saltò su e le tagliò il viso.
Без попередження він стрибнув і розрізав їй обличчя.
Con un solo movimento i suoi denti le tagliarono l'occhio fino alla mascella.
Його зуби одним рухом прорізали їй все від ока до щелепи.
Ecco come combattevano i lupi: colpivano velocemente e saltavano via.
Ось так билися вовки — швидко вдаряли та відстрибували.
Ma c'era molto di più da imparare da quell'unico attacco.

Але з цієї однієї атаки можна було навчитися не лише цього разу.
Decine di husky si precipitarono dentro e formarono un cerchio silenzioso.
Десятки хаскі кинулися всередину та утворили мовчазне коло.
Osservavano attentamente e si leccavano le labbra per la fame.
Вони уважно спостерігали та облизували губи від голоду.
Buck non capiva il loro silenzio né i loro occhi ansiosi.
Бак не розумів ні їхнього мовчання, ні їхніх нетерплячих очей.
Curly si lanciò ad attaccare l'husky una seconda volta.
Кучерява кинувся атакувати хаскі вдруге.
Usò il suo petto per buttarla a terra con un movimento violento.
Він сильним рухом грудьми збив її з ніг.
Cadde su un fianco e non riuscì più a rialzarsi.
Вона впала на бік і не змогла підвестися.
Era proprio quello che gli altri aspettavano da tempo.
Саме цього всі інші чекали весь цей час.
Gli husky le saltarono addosso, guaindo e ringhiando freneticamente.
Хаскі стрибнули на неї, шалено верещачи та гарчачи.
Lei urlò mentre la seppellivano sotto una pila di cani.
Вона кричала, коли її ховали під купою собак.
L'attacco fu così rapido che Buck rimase immobile per lo shock.
Атака була такою швидкою, що Бак завмер на місці від шоку.
Vide Spitz tirare fuori la lingua in un modo che sembrava una risata.
Він побачив, як Шпіц показав язика, схоже на сміх.
François afferrò un'ascia e corse dritto verso il gruppo di cani.
Франсуа схопив сокиру та побіг прямо на групу собак.

Altri tre uomini hanno usato dei manganelli per allontanare gli husky.
Троє інших чоловіків використовували кийки, щоб допомогти відігнати хаскі.
In soli due minuti la lotta finì e i cani se ne andarono.
Всього за дві хвилини бійка закінчилася, і собаки зникли.
Curly giaceva morta nella neve rossa calpestata, con il corpo fatto a pezzi.
Кучерява лежала мертва на червоному, втоптаному снігу, її тіло було розірване на шматки.
Un uomo dalla pelle scura era in piedi davanti a lei, maledicendo la scena brutale.
Темношкірий чоловік стояв над нею, проклинаючи цю жорстоку сцену.
Il ricordo rimase con Buck e ossessionò i suoi sogni notturni.
Спогад залишився з Баком і переслідував його сни вночі.
Ecco come funzionava: niente equità, niente seconda possibilità.
Так було тут: без справедливості немає другого шансу.
Una volta caduto un cane, gli altri lo uccidevano senza pietà.
Як тільки собака падає, інші вбивають його без милосердя.
Buck decise allora che non si sarebbe mai lasciato cadere.
Тоді Бак вирішив, що ніколи не дозволить собі впасти.
Spitz tirò fuori di nuovo la lingua e rise guardando il sangue.
Шпіц знову показав язика і засміявся з крові.
Da quel momento in poi, Buck odiò Spitz con tutto il cuore.
З тієї миті Бак зненавидів Шпіца всім серцем.

Prima che Buck potesse riprendersi dalla morte di Curly, accadde qualcosa di nuovo.
Перш ніж Бак встиг оговтатися від смерті Кучерява, сталося щось нове.
François si avvicinò e legò qualcosa attorno al corpo di Buck.
Франсуа підійшов і чимось обв'язав Бака.
Era un'imbracatura simile a quelle usate per i cavalli al ranch.

Це була упряж, схожа на ту, що використовується для коней на ранчо.

Così come Buck aveva visto lavorare i cavalli, ora era costretto a lavorare anche lui.

Як Бак бачив, як працюють коні, тепер його теж змусили працювати.

Dovette trascinare François su una slitta nella foresta vicina.

Йому довелося тягнути Франсуа на санчатах до сусіднього лісу.

Poi dovette trascinare indietro un pesante carico di legna da ardere.

Тоді йому довелося тягнути назад купу важких дров.

Buck era orgoglioso e gli faceva male essere trattato come un animale da lavoro.

Бак був гордий, тому йому було боляче, що до нього ставилися як до робочої тварини.

Ma era saggio e non cercò di combattere la nuova situazione.

Але він був мудрим і не намагався боротися з новою ситуацією.

Accettò la sua nuova vita e diede il massimo in ogni compito.

Він прийняв своє нове життя і віддавався всім своїм силам у кожній справі.

Tutto di quel lavoro gli risultava strano e sconosciuto.

Все в цій роботі було для нього дивним і незнайомим.

François era severo e pretendeva obbedienza senza indugio.

Франсуа був суворим і вимагав послуху без зволікання.

La sua frusta garantiva che ogni comando venisse eseguito immediatamente.

Його батіг стежив за тим, щоб кожна команда виконувалася одразу.

Dave era il timoniere, il cane più vicino alla slitta dietro Buck.

Дейв був візником, собакою, що йшов найближче до саней позаду Бака.

Se commetteva un errore, Dave mordeva Buck sulle zampe posteriori.

Дейв кусав Бака за задні лапи, якщо той помилявся.
Spitz era il cane guida, abile ed esperto nel ruolo.
Шпіц був провідним собакою, вправним та досвідченим у цій ролі.
Spitz non riusciva a raggiungere Buck facilmente, ma lo corresse comunque.
Шпіц не міг легко достукатися до Бака, але все ж виправив його.
Ringhiava aspramente o tirava la slitta in modi che insegnavano a Buck.
Він різко гарчав або тягнув сани так, що Бак цього навчив.
Grazie a questo addestramento, Buck imparò più velocemente di quanto tutti si aspettassero.
Завдяки цьому навчанню Бак навчався швидше, ніж будь-хто з них очікував.
Lavorò duramente e imparò sia da François che dagli altri cani.
Він наполегливо працював і навчався як у Франсуа, так і у інших собак.
Quando tornarono, Buck conosceva già i comandi chiave.
На час їхнього повернення Бак вже знав ключові команди.
Imparò a fermarsi al suono della parola "oh" di François.
Він навчився зупинятися на звуку «хо» від Франсуа.
Imparò quando era il momento di tirare la slitta e correre.
Він навчився, коли доводилося тягнути сани та бігти.
Imparò a svoltare senza problemi nelle curve del sentiero.
Він навчився без проблем широко повертати на поворотах стежки.
Imparò anche a evitare Dave quando la slitta scendeva velocemente.
Він також навчився уникати Дейва, коли сани швидко котилися вниз.
"Sono cani molto buoni", disse orgoglioso François a Perrault.
«Це дуже хороші собаки», — гордо сказав Франсуа Перро.
"Quel Buck tira come un dannato, glielo insegno subito."
«Цей Бак тягне, як чорт, — я вчу його дуже швидко».

Più tardi quel giorno, Perrault tornò con altri due husky.
Пізніше того ж дня Перро повернувся ще з двома хаскі.
Si chiamavano Billee e Joe ed erano fratelli.
Їх звали Біллі та Джо, і вони були братами.
Provenivano dalla stessa madre, ma non erano affatto simili.
Вони походили від однієї матері, але були зовсім не схожі.
Billee era un tipo dolce e molto amichevole con tutti.
Біллі була добродушною та надто дружньою з усіма.
Joe era l'opposto: silenzioso, arrabbiato e sempre ringhiante.
Джо був протилежністю — тихий, злий і завжди гарчав.
Buck li salutò amichevolmente e si mantenne calmo con entrambi.
Бак привітав їх дружелюбно і був спокійний з обома.
Dave non prestò loro attenzione e rimase in silenzio come al solito.
Дейв не звернув на них уваги і, як завжди, мовчав.
Spitz attaccò prima Billee, poi Joe, per dimostrare la sua superiorità.
Шпіц атакував спочатку Біллі, потім Джо, щоб показати своє панування.
Billee scodinzolava e cercava di essere amichevole con Spitz.
Біллі виляв хвостом і намагався бути привітним до Шпіца.
Quando questo non funzionò, cercò di scappare.
Коли це не спрацювало, він натомість спробував втекти.
Pianse tristemente quando Spitz lo morse forte sul fianco.
Він сумно заплакав, коли Шпіц сильно вкусив його в бік.
Ma Joe era molto diverso e si rifiutava di farsi prendere in giro.
Але Джо був зовсім іншим і відмовився піддаватися знущанням.
Ogni volta che Spitz si avvicinava, Joe si girava velocemente per affrontarlo.
Щоразу, як Шпіц наближався, Джо швидко обертався до нього обличчям.
La sua pelliccia si drizzò, le sue labbra si arricciarono e i suoi denti schioccarono selvaggiamente.

Його хутро стало дибки, губи скривилися, а зуби шалено клацнули.

Gli occhi di Joe brillavano di paura e rabbia, sfidando Spitz a colpire.

Очі Джо блищали від страху та люті, він провокував Шпіца на удар.

Spitz abbandonò la lotta e si voltò, umiliato e arrabbiato.

Шпіц припинив бій і відвернувся, принижений і розгніваний.

Sfogò la sua frustrazione sul povero Billee e lo cacciò via.

Він вилив своє роздратування на бідолашному Біллі та прогнав його.

Quella sera Perrault aggiunse un altro cane alla squadra.

Того вечора Перро додав до команди ще одного собаку.

Questo cane era vecchio, magro e coperto di cicatrici di battaglia.

Цей собака був старий, худий і вкритий бойовими шрамами.

Gli mancava un occhio, ma l'altro brillava di potere.

Одне його око було відсутнє, але інше блищало силою.

Il nome del nuovo cane era Solleks, che significa "l'Arrabbiato".

Нового собаку звали Соллекс, що означало Розлючений.

Come Dave, Solleks non chiedeva nulla agli altri e non dava nulla in cambio.

Як і Дейв, Соллекс нічого не просив від інших і нічого не давав натомість.

Quando Solleks entrò lentamente nell'accampamento, persino Spitz rimase lontano.

Коли Соллекс повільно зайшов до табору, навіть Шпіц залишився осторонь.

Aveva una strana abitudine che Buck ebbe la sfortuna di scoprire.

У нього була дивна звичка, яку Баку, на жаль, не вдалося виявити.

Solleks detestava essere avvicinato dal lato in cui era cieco.

Соллекс ненавидів, коли до нього підходили з того боку, де він був сліпий.
Buck non lo sapeva e commise quell'errore per sbaglio.
Бак цього не знав і випадково зробив цю помилку.
Solleks si voltò di scatto e colpì la spalla di Buck in modo profondo e rapido.
Соллекс обернувся і швидко й глибоко вдарив Бака по плечу.
Da quel momento in poi, Buck non si avvicinò mai più al lato cieco di Solleks.
З того моменту Бак ніколи не наближався до сліпого боку Соллекса.
Non ebbero mai più problemi per il resto del tempo che trascorsero insieme.
У них більше ніколи не було проблем до кінця їхнього спільного життя.
Solleks voleva solo essere lasciato solo, come il tranquillo Dave.
Соллекс хотів лише, щоб його залишили в спокої, як тихий Дейв.
Ma Buck avrebbe scoperto in seguito che ognuno di loro aveva un altro obiettivo segreto.
Але пізніше Бак дізнався, що у кожного з них була ще одна таємна мета.
Quella notte Buck si trovò ad affrontare una nuova e preoccupante sfida: come dormire.
Тієї ночі Бак зіткнувся з новим і тривожним випробуванням — як спати.
La tenda era illuminata caldamente dalla luce delle candele nel campo innevato.
Намет тепло світився світлом свічок на засніженому полі.
Buck entrò, pensando che lì avrebbe potuto riposare come prima.
Бак зайшов всередину, думаючи, що зможе відпочити там, як і раніше.
Ma Perrault e François gli urlarono contro e gli tirarono delle padelle.

Але Перро та Франсуа кричали на нього та кидали сковорідки.

Sconvolto e confuso, Buck corse fuori nel freddo gelido.

Шокований і збентежений, Бак вибіг на крижаний мороз.

Un vento gelido gli pungeva la spalla ferita e gli congelava le zampe.

Пронизливий вітер щипав його поранене плече та відморозив лапи.

Si sdraiò sulla neve e cercò di dormire all'aperto.

Він ліг на сніг і спробував спати просто неба.

Ma il freddo lo costrinse presto a rialzarsi, tremando forte.

Але холод невдовзі змусив його знову встати, сильно тремтячи.

Vagò per l'accampamento, cercando di trovare un posto più caldo.

Він блукав табором, намагаючись знайти тепліше місце.

Ma ogni angolo era freddo come quello precedente.

Але кожен куточок був таким же холодним, як і попередній.

A volte dei cani feroci gli saltavano addosso dall'oscurità.

Іноді на нього з темряви стрибали дикі собаки.

Buck drizzò il pelo, scoprì i denti e ringhiò in tono ammonitore.

Бак наїжачився, вишкірився та застережливо загарчав.

Lui stava imparando in fretta e gli altri cani si sono subito tirati indietro.

Він швидко навчався, а інші собаки швидко відступали.

Tuttavia, non aveva un posto dove dormire e non aveva idea di cosa fare.

Однак у нього не було де спати, і він не знав, що робити.

Alla fine gli venne in mente un pensiero: andare a dare un'occhiata ai suoi compagni di squadra.

Нарешті йому спала на думку думка — перевірити своїх товаришів по команді.

Ritornò nella loro zona e rimase sorpreso nel constatare che non c'erano più.

Він повернувся до їхньої місцевості і здивувався, виявив, що їх немає.

Cercò di nuovo nell'accampamento, ma ancora non riuscì a trovarli.

Він знову обшукав табір, але так і не зміг їх знайти.

Sapeva che loro non potevano stare nella tenda, altrimenti ci sarebbe stato anche lui.

Він знав, що вони не можуть бути в наметі, бо інакше він теж би там був.

E allora, dove erano finiti tutti i cani in quell'accampamento ghiacciato?

То куди ж поділися всі собаки в цьому замерзлому таборі?

Buck, infreddolito e infelice, girò lentamente intorno alla tenda.

Бак, змерзлий і нещасний, повільно кружляв навколо намету.

All'improvviso, le sue zampe anteriori sprofondarono nella neve soffice e lo spaventarono.

Раптом його передні лапи загрузли в м'який сніг і злякали його.

Qualcosa si mosse sotto i suoi piedi e lui fece un salto indietro per la paura.

Щось заворушилося під його ногами, і він відскочив назад від страху.

Ringhiava e ringhiava, non sapendo cosa si nascondesse sotto la neve.

Він гарчав і гарчав, не знаючи, що ховається під снігом.

Poi udì un piccolo abbaio amichevole che placò la sua paura.

Потім він почув дружній тихий гавкіт, який розвіяв його страх.

Annusò l'aria e si avvicinò per vedere cosa fosse nascosto.

Він понюхав повітря і підійшов ближче, щоб побачити, що приховано.

Sotto la neve, rannicchiata in una calda palla, c'era la piccola Billee.

Під снігом, згорнувшись у теплу клубочку, лежала маленька Біллі.

Billee scodinzolò e leccò il muso di Buck per salutarlo.
Біллі виляв хвостом і лизнув Бака в обличчя, вітаючи його.
Buck vide come Billee si era costruito un posto per dormire nella neve.
Бак побачив, як Біллі влаштував собі місце для сну в снігу.
Aveva scavato e sfruttato il suo calore per scaldarsi.
Він викопав землю і зігрівся власним теплом.
Buck aveva imparato un'altra lezione: ecco come dormivano i cani.
Бак засвоїв ще один урок — собаки спали саме так.
Scelse un posto e cominciò a scavare la sua buca nella neve.
Він вибрав місце і почав копати собі нору в снігу.
All'inizio si muoveva troppo e sprecava energie.
Спочатку він занадто багато рухався і марнував енергію.
Ma ben presto il suo corpo riscaldò lo spazio e si sentì al sicuro.
Але невдовзі його тіло зігріло простір, і він відчув себе в безпеці.
Si rannicchiò forte e poco dopo si addormentò profondamente.
Він міцно згорнувся калачиком і невдовзі міцно заснув.
La giornata era stata lunga e dura e Buck era esausto.
День був довгий і важкий, і Бак був виснажений.
Dormì profondamente e comodamente, anche se fece sogni selvaggi.
Він спав міцно та комфортно, хоча снилися йому шалено.
Ringhiava e abbaiava nel sonno, contorcendosi mentre sognava.
Він гарчав і гавкав уві сні, крутячись уві сні.

Buck non si svegliò finché l'accampamento non cominciò a prendere vita.
Бак не прокинувся, поки табір не почав оживати.
All'inizio non sapeva dove si trovasse o cosa fosse successo.
Спочатку він не знав, де він і що сталося.
La neve era caduta durante la notte e aveva seppellito completamente il suo corpo.

Сніг випав уночі та повністю поховав його тіло.
La neve lo circondava, fitta su tutti i lati.
Сніг тиснув навколо нього, щільно обвіваючи його з усіх боків.
All'improvviso un'ondata di paura percorse tutto il corpo di Buck.
Раптом хвиля страху прокотилася по всьому тілу Бака.
Era la paura di rimanere intrappolati, una paura che proveniva da istinti profondi.
Це був страх опинитися в пастці, страх, що випливав з глибоких інстинктів.
Sebbene non avesse mai visto una trappola, la paura era viva dentro di lui.
Хоча він ніколи не бачив пастки, страх жив у ньому.
Era un cane addomesticato, ma ora i suoi vecchi istinti selvaggi si stavano risvegliando.
Він був ручним собакою, але тепер у ньому прокидалися його старі дикі інстинкти.
I muscoli di Buck si irrigidirono e il pelo gli si rizzò su tutta la schiena.
М'язи Бака напружилися, а хутро стало дибки по всій спині.
Ringhiò furiosamente e balzò in piedi nella neve.
Він люто загарчав і стрибнув прямо вгору крізь сніг.
La neve volava in ogni direzione mentre lui irrompeva nella luce del giorno.
Сніг летів у всі боки, коли він вирвався на денне світло.
Ancora prima di atterrare, Buck vide l'accampamento disteso davanti a lui.
Ще до приземлення Бак побачив, як перед ним розкинувся табір.
Ricordò tutto del giorno prima, tutto in una volta.
Він одразу згадав усе з попереднього дня.
Ricordava di aver passeggiato con Manuel e di essere finito in quel posto.
Він пам'ятав, як прогулювався з Мануелем і опинився в цьому місці.

Ricordava di aver scavato la buca e di essersi addormentato al freddo.

Він пам'ятав, як копав яму і заснув на холоді.

Ora era sveglio e il mondo selvaggio intorno a lui era limpido.

Тепер він прокинувся, і дикий світ навколо нього був ясним.

Un grido di François annunciò l'improvvisa apparizione di Buck.

Крик Франсуа привітав раптову появу Бака.

"Cosa ho detto?" gridò a gran voce il conducente del cane a Perrault.

«Що я сказав?» — голосно крикнув погонич собаки Перро.

"Quel Buck impara sicuramente in fretta", ha aggiunto François.

«Цей Бак справді швидко навчається», – додав Франсуа.

Perrault annuì gravemente, visibilmente soddisfatto del risultato.

Перро серйозно кивнув, явно задоволений результатом.

In qualità di corriere del governo canadese, trasportava dispacci.

Як кур'єр канадського уряду, він перевозив депеші.

Era ansioso di trovare i cani migliori per la sua importante missione.

Він прагнув знайти найкращих собак для своєї важливої місії.

Ora si sentiva particolarmente contento che Buck facesse parte della squadra.

Він був особливо радий тепер, що Бак був частиною команди.

Nel giro di un'ora, alla squadra furono aggiunti altri tre husky.

Протягом години до команди додали ще трьох хаскі.

Ciò ha portato il numero totale dei cani della squadra a nove.

Таким чином, загальна кількість собак у команді зросла до дев'яти.

Nel giro di quindici minuti tutti i cani erano imbracati.

За п'ятнадцять хвилин усі собаки були в шлейках.
La squadra di slitte stava risalendo il sentiero verso Dyea Cañon.
Санна упряжка піднімалася стежкою до каньйону Дайя.
Buck era contento di andarsene, anche se il lavoro che lo attendeva era duro.
Бак був радий йти, навіть якщо робота попереду була важка.
Scoprì di non disprezzare particolarmente né il lavoro né il freddo.
Він виявив, що не особливо зневажає працю чи холод.
Fu sorpreso dall'entusiasmo che pervadeva tutta la squadra.
Його здивувало завзяття, яке сповнило всю команду.
Ancora più sorprendente fu il cambiamento avvenuto in Dave e Solleks.
Ще більш дивовижною була зміна, яка сталася з Дейвом і Соллексом.
Questi due cani erano completamente diversi quando venivano imbrigliati.
Ці дві собаки були зовсім різними, коли їх запрягали.
La loro passività e la loro disattenzione erano completamente scomparse.
Їхня пасивність та байдужість повністю зникли.
Erano attenti e attivi, desiderosi di svolgere bene il loro lavoro.
Вони були пильними, активними та прагнули добре виконувати свою роботу.
Si irritavano ferocemente per qualsiasi cosa provocasse ritardi o confusione.
Їх люто дратувало все, що спричиняло затримку чи плутанину.
Il duro lavoro sulle redini era il centro del loro intero essere.
Важка робота з віжками була центром усього їхнього єства.
Sembrava che l'unica cosa che gli piacesse davvero fosse tirare la slitta.

Здавалося, що єдине, що їм справді подобалося, — це тягнути за собою санки.

Dave era in fondo al gruppo, il più vicino alla slitta.
Дейв був у задній частині групи, найближче до самих саней.

Buck fu messo davanti a Dave e Solleks superò Buck.
Бака посадили попереду Дейва, а Соллекс вирвався попереду Бака.

Il resto dei cani era disposto in fila indiana davanti a loro.
Решта собак вишикувалися попереду гуськом.

La posizione di testa in prima linea era occupata da Spitz.
Провідну позицію попереду зайняв Шпітц.

Buck era stato messo tra Dave e Solleks per essere istruito.
Бака для інструктажу посадили між Дейвом і Соллексом.

Lui imparava in fretta e gli insegnanti erano risoluti e capaci.
Він швидко навчався, а вони були наполегливими та здібними вчителями.

Non permisero mai a Buck di restare a lungo nell'errore.
Вони ніколи не дозволяли Баку довго помилятися.

Quando necessario, impartivano le lezioni con denti affilati.
Вони викладали свої уроки гострими зубами, коли це було потрібно.

Dave era giusto e dimostrava una saggezza pacata e seria.
Дейв був справедливим і виявляв тиху, серйозну мудрість.

Non mordeva mai Buck senza una buona ragione.
Він ніколи не кусав Бака без вагомої причини.

Ma non mancava mai di mordere quando Buck aveva bisogno di essere corretto.
Але він завжди кусався, коли Бака потрібно було виправити.

La frusta di François era sempre pronta e sosteneva la loro autorità.
Батіг Франсуа завжди був напоготові та підтримував їхній авторитет.

Buck scoprì presto che era meglio obbedire che reagire.
Бак невдовзі зрозумів, що краще слухатися, ніж чинити опір.

Una volta, durante un breve riposo, Buck rimase impigliato nelle redini.
Одного разу, під час короткого відпочинку, Бак заплутався у поводи.
Ritardò la partenza e confuse i movimenti della squadra.
Він затримав старт і заплутав рух команди.
Dave e Solleks si avventarono su di lui e lo picchiarono duramente.
Дейв і Соллекс накинулися на нього та жорстоко побили.
La situazione peggiorò ulteriormente, ma Buck imparò bene la lezione.
Сплутування лише погіршувалося, але Бак добре засвоїв урок.
Da quel momento in poi tenne le redini tese e lavorò con attenzione.
Відтоді він тримав віжки натягнутими та працював обережно.
Prima che la giornata finisse, Buck aveva portato a termine gran parte del suo compito.
Ще до кінця дня Бак встиг опанувати більшу частину свого завдання.
I suoi compagni di squadra quasi smisero di correggerlo o di morderlo.
Його товариші по команді майже перестали його виправляти чи кусати.
La frusta di François schioccava nell'aria sempre meno spesso.
Батіг Франсуа тріщав у повітрі все рідше й рідше.
Perrault sollevò addirittura i piedi di Buck ed esaminò attentamente ogni zampa.
Перро навіть підняв ноги Бака та уважно оглянув кожну лапу.
Era stata una giornata di corsa dura, lunga ed estenuante per tutti loro.
Це був важкий день бігу, довгий і виснажливий для всіх них.

Risalirono il Cañon, attraversarono Sheep Camp e superarono le Scales.
Вони піднялися каньйоном, пройшли через Овечий табір і повз Терези.

Superarono il limite della vegetazione arborea, poi ghiacciai e cumuli di neve alti diversi metri.
Вони перетнули межу лісу, потім льодовики та снігові замети завглибшки в багато футів.

Scalarono il grande e freddo Chilkoot Divide.
Вони піднялися на великий холодний і непривітний Чілкутський вододіл.

Quella cresta elevata si ergeva tra l'acqua salata e l'interno ghiacciato.
Той високий хребет стояв між солоною водою та замерзлими внутрішніми просторами.

Le montagne custodivano il triste e solitario Nord con ghiaccio e ripide salite.
Гори охороняли сумну та самотню Північ льодом та крутими підйомами.

Scesero rapidamente lungo una lunga catena di laghi sotto la dorsale.
Вони швидко спустилися довгим ланцюгом озер нижче вододілу.

Questi laghi riempivano gli antichi crateri di vulcani spenti.
Ці озера заповнювали стародавні кратери згаслих вулканів.

Quella notte tardi raggiunsero un grande accampamento presso il lago Bennett.
Пізно тієї ж ночі вони дісталися великого табору на озері Беннетт.

Migliaia di cercatori d'oro erano lì, intenti a costruire barche per la primavera.
Тисячі золотошукачів були там, будуючи човни на весну.

Il ghiaccio si sarebbe presto rotto e dovevano essere pronti.
Лід скоро мав розтанути, і вони мали бути готові.

Buck scavò la sua buca nella neve e cadde in un sonno profondo.

Бак викопав собі нору в снігу та міцно заснув.
Dormiva come un lavoratore, esausto dopo una dura giornata di lavoro.
Він спав, як робітник, виснажений важким робочим днем.
Ma venne strappato al sonno troppo presto, nell'oscurità.
Але надто рано, у темряві, його витягли зі сну.
Fu nuovamente imbrigliato insieme ai suoi compagni e attaccato alla slitta.
Його знову запрягли разом з його товаришами та прив'язали до саней.
Quel giorno percorsero quaranta miglia, perché la neve era ben calpestata.
Того дня вони подолали сорок миль, бо сніг був добре втоптаний.
Il giorno dopo, e per molti giorni a seguire, la neve era soffice.
Наступного дня, і ще багато днів після цього, сніг був м'яким.
Dovettero farsi strada da soli, lavorando di più e muovendosi più lentamente.
Їм довелося прокладати стежку самостійно, працюючи старанніше та рухаючись повільніше.
Di solito, Perrault camminava davanti alla squadra con le ciaspole palmate.
Зазвичай Перро йшов попереду команди на снігоступах з перетинками.
I suoi passi compattavano la neve, facilitando lo spostamento della slitta.
Його кроки утрамбовували сніг, полегшуючи рух саней.
François, che era al timone della barca a vela, a volte prendeva il comando.
Франсуа, який керував з вудки, іноді брав керування на себе.
Ma era raro che François prendesse l'iniziativa
Але Франсуа рідко виходив на перший план
perché Perrault aveva fretta di consegnare le lettere e i pacchi.

бо Перро поспішав доставити листи та посилки.

Perrault era orgoglioso della sua conoscenza della neve, e in particolare del ghiaccio.
Перро пишався своїми знаннями про сніг, а особливо про лід.

Questa conoscenza era essenziale perché il ghiaccio autunnale era pericolosamente sottile.
Ці знання були вкрай важливими, бо осінній лід був небезпечно тонким.

Dove l'acqua scorreva rapidamente sotto la superficie non c'era affatto ghiaccio.
Там, де вода швидко текла під поверхнею, льоду взагалі не було.

Giorno dopo giorno, la stessa routine si ripeteva senza fine.
День за днем та сама рутина повторювалася без кінця.

Buck lavorava senza sosta con le redini, dall'alba alla sera.
Бак безкінечно трудився на віжах від світанку до ночі.

Lasciarono l'accampamento al buio, molto prima che sorgesse il sole.
Вони покинули табір у темряві, задовго до сходу сонця.

Quando spuntò l'alba, avevano già percorso molti chilometri.
Коли настало світло, багато миль вже було позаду.

Si accamparono dopo il tramonto, mangiando pesce e scavando buche nella neve.
Вони розбивали табір після настання темряви, їли рибу та заривалися в сніг.

Buck era sempre affamato e non era mai veramente soddisfatto della sua razione.
Бак завжди був голодний і ніколи по-справжньому не задовольнявся своїм пайком.

Riceveva ogni giorno mezzo chilo di salmone essiccato.
Щодня він отримував півтора фунта сушеного лосося.

Ma il cibo sembrò svanire dentro di lui, lasciandogli solo la fame.
Але їжа ніби зникла в ньому, залишивши позаду голод.

Soffriva di continui morsi della fame e sognava di avere più cibo.
Він страждав від постійних мук голоду і мріяв про більше їжі.
Gli altri cani hanno ricevuto solo mezzo chilo di cibo, ma sono rimasti forti.
Інші собаки отримали лише один фунт їжі, але вони залишалися сильними.
Erano più piccoli ed erano nati in una società nordica.
Вони були менші на зріст і народилися в північному середовищі.
Perse rapidamente la pignoleria che aveva caratterizzato la sua vecchia vita.
Він швидко втратив педантичність, яка характеризувала його колишнє життя.
Fino a quel momento era stato un mangiatore prelibato, ma ora non gli era più possibile.
Він був вишуканим їдцем, але тепер це було неможливо.
I suoi compagni arrivarono primi e gli rubarono la razione rimasta.
Його товариші закінчили першими та пограбували його недоїдений пайок.
Una volta cominciati, non c'era più modo di difendere il cibo da loro.
Як тільки вони почали, захистити від них свою їжу було неможливо.
Mentre lui lottava contro due o tre cani, gli altri rubarono il resto.
Поки він відбивався від двох чи трьох собак, інші вкрали решту.
Per risolvere il problema, cominciò a mangiare velocemente come mangiavano gli altri.
Щоб виправити це, він почав їсти так само швидко, як і інші.
La fame lo spingeva così forte che arrivò persino a prendere del cibo non suo.
Голод так його мучив, що він навіть брав чужу їжу.

Osservò gli altri e imparò rapidamente dalle loro azioni.
Він спостерігав за іншими та швидко вчився з їхніх дій.
Vide Pike, un nuovo cane, rubare una fetta di pancetta a Perrault.
Він бачив, як Пайк, новий собака, вкрав у Перро шматочок бекону.
Pike aveva aspettato che Perrault gli voltasse le spalle per rubare la pagnotta.
Пайк чекав, поки Перро повернеться спиною, щоб вкрасти бекон.
Il giorno dopo, Buck copiò Pike e rubò l'intero pezzo.
Наступного дня Бак скопіював Пайка та вкрав увесь шматок.
Seguì un gran tumulto, ma Buck non fu sospettato.
Зчинився великий галас, але Бака ніхто не запідозрив.
Al suo posto venne punito Dub, un cane goffo che veniva sempre beccato.
Замість цього покарали Даба, незграбного собаку, якого завжди ловили.
Quel primo furto fece di Buck un cane adatto a sopravvivere al Nord.
Та перша крадіжка позначала Бака як собаку, здатного вижити на Півночі.
Ha dimostrato di sapersi adattare alle nuove condizioni e di saper imparare rapidamente.
Він показав, що може швидко адаптуватися до нових умов та навчатися.
Senza tale adattabilità, sarebbe morto rapidamente e gravemente.
Без такої адаптивності він би помер швидко та тяжко.
Segnò anche il crollo della sua natura morale e dei suoi valori passati.
Це також ознаменувало крах його моральної природи та минулих цінностей.
Nel Southland aveva vissuto secondo la legge dell'amore e della gentilezza.
На Півдні він жив за законом любові та доброти.

Lì aveva senso rispettare la proprietà e i sentimenti degli altri cani.
Там мало сенс поважати власність та почуття інших собак.
Ma i Northland seguivano la legge del bastone e la legge della zanna.
Але Північна земля дотримувалася закону палиці та закону ікла.
Chiunque rispettasse i vecchi valori era uno sciocco e avrebbe fallito.
Той, хто тут поважав старі цінності, був дурнем і зазнає невдачі.
Buck non rifletté su tutto questo nella sua mente.
Бак не міг обміркувати все це в голові.
Era in forma e quindi si adattò senza pensarci due volte.
Він був у формі, тому пристосовувався, не замислюючись.
In tutta la sua vita non era mai fuggito da una rissa.
За все своє життя він ніколи не тікав від бійки.
Ma la mazza di legno dell'uomo con il maglione rosso cambiò la regola.
Але дерев'яна палиця чоловіка в червоному светрі змінила це правило.
Ora seguiva un codice più profondo e antico, inscritto nel suo essere.
Тепер він дотримувався глибшого, давнішого коду, записаного в його єстві.
Non rubava per piacere, ma per il dolore della fame.
Він крав не із задоволення, а від муки голоду.
Non rubava mai apertamente, ma rubava con astuzia e attenzione.
Він ніколи не грабував відкрито, а крав хитрістю та обережністю.
Agì per rispetto verso la clava di legno e per paura delle zanne.
Він діяв з поваги до дерев'яної палиці та страху перед іклом.
In breve, ha fatto ciò che era più facile e sicuro che non farlo.

Коротше кажучи, він зробив те, що було легше та безпечніше, ніж не робити цього.

Il suo sviluppo, o forse il suo ritorno ai vecchi istinti, fu rapido.

Його розвиток — чи, можливо, його повернення до старих інстинктів — був швидким.

I suoi muscoli si indurirono fino a diventare forti come il ferro.

Його м'язи затверділи, аж поки не стали міцними, як залізо.

Non gli importava più del dolore, a meno che non fosse grave.

Його більше не хвилював біль, хіба що він був серйозним.

Divenne efficiente dentro e fuori, senza sprecare nulla.

Він став ефективним як зсередини, так і зовні, нічого не витрачаючи даремно.

Poteva mangiare cose disgustose, marce o difficili da digerire.

Він міг їсти мерзенну, гнилу або важкоперетравлювану їжу.

Qualunque cosa mangiasse, il suo stomaco ne sfruttava ogni singolo pezzetto di valore.

Що б він не їв, його шлунок використовував усе, що було цінного.

Il suo sangue trasportava i nutrienti in tutto il suo potente corpo.

Його кров розносила поживні речовини далеко по його могутньому тілу.

Ciò gli ha permesso di sviluppare tessuti forti che gli hanno conferito un'incredibile resistenza.

Це зміцнило тканини, що дало йому неймовірну витривалість.

La sua vista e il suo olfatto diventarono molto più sensibili di prima.

Його зір і нюх стали набагато чутливішими, ніж раніше.

Il suo udito diventò così acuto che riusciva a percepire anche i suoni più deboli durante il sonno.

Його слух став настільки гострим, що він міг розрізняти ледь помітні звуки уві сні.

Nei sogni sapeva se quei suoni significavano sicurezza o pericolo.

Він знав у своїх снах, що означають ці звуки: безпеку чи небезпеку.

Imparò a mordere con i denti il ghiaccio tra le dita dei piedi.

Він навчився гризти зубами лід між пальцями ніг.

Se una pozza d'acqua si ghiacciava, lui rompeva il ghiaccio con le gambe.

Якщо водопій замерзав, він розбивав лід ногами.

Si impennò e colpì duramente il ghiaccio con gli arti anteriori rigidi.

Він піднявся дибки і сильно вдарив по льоду затверділими передніми кінцівками.

La sua abilità più sorprendente era quella di prevedere i cambiamenti del vento durante la notte.

Його найвражаючою здатністю було передбачення змін вітру протягом ночі.

Anche quando l'aria era immobile, sceglieva luoghi riparati dal vento.

Навіть коли повітря було нерухомим, він вибирав місця, захищені від вітру.

Ovunque scavasse il nido, il vento del giorno dopo lo superava.

Де б він не викопав своє гніздо, наступного дня вітер обійшов його.

Alla fine si ritrovava sempre al sicuro e protetto, al riparo dal vento.

Він завжди опинявся затишно та захищено, підвітряно від вітерцю.

Buck non solo imparò dall'esperienza: anche il suo istinto tornò.

Бак не лише навчався на досвіді — до нього також повернулися інстинкти.

Le abitudini delle generazioni addomesticate cominciarono a scomparire.

Звички одомашнених поколінь почали зникати.
Ricordava vagamente i tempi antichi della sua razza.
Якось нечітко він згадував давні часи свого племені.
Ripensò a quando i cani selvatici correvano in branco nelle foreste.
Він згадав часи, коли дикі собаки бігали зграями лісами.
Avevano inseguito e ucciso la loro preda mentre la inseguivano.
Вони переслідували та вбивали свою здобич, переслідуючи її.
Per Buck fu facile imparare a combattere con forza e velocità.
Баку було легко навчитися битися зубами та швидко.
Come i suoi antenati, usava tagli, squarci e schiocchi rapidi.
Він використовував порізи, різи та швидкі клацання, як і його предки.
Quegli antenati si risvegliarono in lui e risvegliarono la sua natura selvaggia.
Ті предки ворухнулися в ньому та пробудили його дику природу.
Le loro vecchie abilità gli erano state trasmesse attraverso la linea di sangue.
Їхні старі навички перейшли до нього по кровній лінії.
Ora i loro trucchi erano suoi, senza bisogno di pratica o sforzo.
Тепер їхні трюки були його, без потреби в практиці чи зусиллях.

Nelle notti fredde e tranquille, Buck sollevava il naso e ululò.
Тихими, холодними ночами Бак задирав носа та вив.
Ululò a lungo e profondamente, come facevano i lupi tanto tempo fa.
Він вив довго й гучно, як це робили вовки колись давно.
Attraverso di lui, i suoi antenati defunti puntarono il naso e ululatorno.
Крізь нього його померлі предки висовували носи та вили.

Hanno ululato attraverso i secoli con la sua voce e la sua forma.
Вони вили крізь століття його голосом і формою.
Le sue cadenze erano le loro, vecchi gridi che parlavano di dolore e di freddo.
Його ритми були їхніми, давні крики, що свідчили про горе та холод.
Cantavano dell'oscurità, della fame e del significato dell'inverno.
Вони співали про темряву, голод і значення зими.
Buck ha dimostrato come la vita sia plasmata da forze che vanno oltre noi stessi,
Бак довів, як життя формується силами, що перебувають поза межами особистості.
l'antico canto risuonò nelle vene di Buck e si impadronì della sua anima.
Стародавня пісня піднялася крізь Бака і полонила його душу.
Ritrovò se stesso perché gli uomini avevano trovato l'oro nel Nord.
Він знайшов себе, бо люди знайшли золото на Півночі.
E lo trovò perché Manuel, l'aiutante giardiniere, aveva bisogno di soldi.
А він опинився там, бо Мануелю, помічнику садівника, потрібні були гроші.

La Bestia Primordiale Dominante
Домінантний Первісний Звір

La bestia primordiale dominante era più forte che mai in Buck.
Домінантний первісний звір був у Баку таким же сильним, як і завжди.
Ma la bestia primordiale dominante era rimasta dormiente in lui.
Але домінантний первісний звір дрімав у ньому.
La vita sui sentieri era dura, ma rafforzava la bestia che era in Buck.
Життя на стежці було суворим, але воно зміцнило звірину в Баку.
Segretamente la bestia diventava sempre più forte ogni giorno.
Таємно звір з кожним днем ставав все сильнішим і сильнішим.
Ma quella crescita interiore è rimasta nascosta al mondo esterno.
Але цей внутрішній ріст залишався прихованим від зовнішнього світу.
Una forza primordiale calma e silenziosa si stava formando dentro Buck.
Усередині Бака нарощувалася тиха та спокійна первісна сила.
Una nuova astuzia diede a Buck equilibrio, calma e compostezza.
Нова хитрість надала Баку рівноваги, спокійного самовладання та витримки.
Buck si concentrò molto sull'adattamento, senza mai sentirsi completamente rilassato.
Бак зосередився на адаптації, ніколи не відчуваючи повного розслаблення.
Evitava i conflitti, non iniziava mai litigi e non cercava mai guai.

Він уникав конфліктів, ніколи не розпочинав сварок і не шукав неприємностей.

Ogni mossa di Buck era scandita da una riflessione lenta e costante.

Повільна, рівна задумливість формувала кожен рух Бака.

Evitava scelte avventate e decisioni improvvise e sconsiderate.

Він уникав необдуманих рішень та раптових, необдуманих рішень.

Sebbene Buck odiasse profondamente Spitz, non gli mostrò alcuna aggressività.

Хоча Бак глибоко ненавидів Шпіца, він не виявляв до нього жодної агресії.

Buck non provocò mai Spitz e mantenne le sue azioni moderate.

Бак ніколи не провокував Шпіца і дотримувався стриманості у своїх діях.

Spitz, d'altro canto, percepì il pericolo crescente in Buck.

Шпіц, навпаки, відчував зростаючу небезпеку з боку Бака.

Vedeva Buck come una minaccia e una seria sfida al suo potere.

Він бачив у Баку загрозу та серйозний виклик своїй владі.

Coglieva ogni occasione per ringhiare e mostrare i suoi denti aguzzi.

Він використовував кожну нагоду, щоб загарчати та показати свої гострі зуби.

Stava cercando di dare inizio allo scontro mortale che sarebbe dovuto avvenire.

Він намагався розпочати смертельну битву, яка мала відбутися.

All'inizio del viaggio, tra loro scoppiò quasi una lite.

На початку подорожі між ними ледь не спалахнула бійка.

Ma un incidente inaspettato impedì che il combattimento avesse luogo.

Але несподіваний випадок завадив бійці.

Quella sera si accamparono sul gelido lago Le Barge.

Того вечора вони розбили табір на пронизливо холодному озері Ле-Барж.
La neve cadeva fitta e il vento era tagliente come una lama.
Сніг падав сильно, а вітер різав, як ніж.
La notte era scesa troppo in fretta e l'oscurità li aveva avvolti.
Ніч настала надто швидко, і їх огортала темрява.
Difficilmente avrebbero potuto scegliere un posto peggiore per riposare.
Вони навряд чи могли обрати гірше місце для відпочинку.
I cani cercavano disperatamente un posto dove sdraiarsi.
Собаки відчайдушно шукали місце, де можна було б лягти.
Dietro il piccolo gruppo si ergeva un'alta parete rocciosa.
Висока скеляста стіна круто здіймалася позаду невеликої групи.
Per alleggerire il carico, la tenda era stata lasciata a Dyea.
Намет залишили в Дайї, щоб полегшити вантаж.
Non avevano altra scelta che accendere il fuoco direttamente sul ghiaccio.
У них не було іншого вибору, окрім як розпалити багаття на самому льоду.
Stendevano i loro accappatoi direttamente sul lago ghiacciato.
Вони розстелили свої спальні шати прямо на замерзлому озері.
Qualche pezzo di legno galleggiante dava loro un po' di fuoco.
Кілька паличок плавника дали їм трохи вогню.
Ma il fuoco è stato acceso sul ghiaccio e attraverso di esso si è scongelato.
Але вогонь розпалювали на льоду і розтанув крізь нього.
Alla fine cenarono al buio.
Зрештою вони вечеряли в темряві.
Buck si rannicchiò accanto alla roccia, al riparo dal vento freddo.
Бак згорнувся калачиком біля скелі, сховавшись від холодного вітру.

Il posto era così caldo e sicuro che Buck non voleva andarsene.
Місце було таке тепле та безпечне, що Бак ненавидів звідти відходити.
Ma François aveva scaldato il pesce e stava distribuendo le razioni.
Але Франсуа розігрів рибу і роздавав пайки.
Buck finì di mangiare in fretta e tornò a letto.
Бак швидко закінчив їсти і повернувся до ліжка.
Ma Spitz ora giaceva dove Buck aveva preparato il suo letto.
Але Шпіц тепер лежав там, де Бак постелив йому ліжко.
Un ringhio basso avvertì Buck che Spitz si rifiutava di muoversi.
Тихе гарчання попередило Бака, що Шпіц відмовився рухатися.
Finora Buck aveva evitato lo scontro con Spitz.
Досі Бак уникав цієї сутички зі Шпіцем.
Ma nel profondo di Buck la bestia alla fine si liberò.
Але глибоко всередині Бака звір нарешті вирвався на волю.
Il furto del suo posto letto era troppo da tollerare.
Крадіжка його спального місця була нестерпною.
Buck si lanciò contro Spitz, pieno di rabbia e furore.
Бак кинувся на Шпіца, сповнений гніву та люті.
Fino a quel momento Spitz aveva pensato che Buck fosse solo un grosso cane.
Досі Шпіц думав, що Бак — просто великий собака.
Non pensava che Buck fosse sopravvissuto grazie al suo spirito.
Він не думав, що Бак вижив завдяки своєму духу.
Si aspettava paura e codardia, non furia e vendetta.
Він очікував страху та боягузтва, а не люті та помсти.
François rimase a guardare mentre entrambi i cani schizzavano fuori dal nido in rovina.
Франсуа дивився, як обидва собаки вискочили з зруйнованого гнізда.
Capì subito cosa aveva scatenato quella violenta lotta.

Він одразу зрозумів, що почало цю шалену боротьбу.
"Aa-ah!" gridò François in sostegno del cane marrone.
«А-а!» — вигукнув Франсуа, підтримуючи бурого собаку.
"Dategli una bella lezione! Per Dio, punite quel ladro furbo!"
«Дай йому відлупцювати! Й Боже, покарай цього підступного злодія!»
Spitz dimostrò altrettanta prontezza e fervore nel combattere.
Шпіц демонстрував однакову готовність і шалене бажання битися.
Gridò di rabbia mentre girava velocemente in tondo, cercando un varco.
Він крикнув від люті, швидко кружляючи, шукаючи прохід.
Buck mostrò la stessa fame di combattere e la stessa cautela.
Бак виявляв таке ж жагу до боротьби та таку ж обережність.
Anche lui girò intorno al suo avversario, cercando di avere la meglio nella battaglia.
Він також обійшов свого супротивника, намагаючись отримати перевагу в битві.
Poi accadde qualcosa di inaspettato e cambiò tutto.
Потім сталося щось несподіване і все змінило.
Quel momento ritardò l'eventuale lotta per la leadership.
Цей момент відтермінував остаточну боротьбу за лідерство.
Ci sarebbero ancora molti chilometri di sentiero e di lotta da percorrere prima della fine.
Багато миль стежки та боротьби ще чекали на кінець.
Perrault urlò un'imprecazione mentre una mazza colpiva l'osso.
Перро вилаявся, коли палиця вдарилася об кістку.
Seguì un acuto grido di dolore, poi il caos esplose tutt'intorno.
Пролунав різкий крик болю, а потім навколо вибухнув хаос.

Forme scure si muovevano nell'accampamento: husky selvatici, affamati e feroci.

Темні постаті рухалися табором; дикі хаскі, голодні та люті.

Quattro o cinque dozzine di husky avevano fiutato l'accampamento da molto lontano.

Чотири чи п'ять десятків хаскі винюхали табір здалеку.

Si erano introdotti furtivamente mentre i due cani litigavano lì vicino.

Вони тихенько прокралися всередину, поки два собаки билися неподалік.

François e Perrault si lanciarono all'attacco, colpendo con i manganelli gli invasori.

Франсуа та Перро кинулися в атаку, розмахуючи кийками на загарбників.

Gli husky affamati mostrarono i denti e si dibatterono freneticamente.

Зголоднілі хаскі показали зуби та шалено відбилися.

L'odore della carne e del pane li aveva fatti superare ogni paura.

Запах м'яса та хліба прогнав їх із себе всякий страх.

Perrault picchiò un cane che aveva nascosto la testa nella buca delle vivande.

Перро побив собаку, який зарився головою в скриню з їжею.

Il colpo fu violento e la scatola si ribaltò, facendo fuoriuscire il cibo.

Удар був сильним, коробка перекинулася, і їжа розсипалася.

Nel giro di pochi secondi, una ventina di bestie feroci si avventarono sul pane e sulla carne.

За лічені секунди десятки диких звірів роздерли хліб і м'ясо.

I bastoni degli uomini sferrarono un colpo dopo l'altro, ma nessun cane si allontanò.

Чоловічі кийки завдавали удару за ударом, але жоден собака не відвернувся.

Urlavano di dolore, ma continuarono a lottare finché non rimase più cibo.
Вони вили від болю, але билися, доки не залишилося їжі.
Nel frattempo i cani da slitta erano saltati giù dalle loro culle innevate.
Тим часом їздові собаки зістрибнули зі своїх засніжених ліжок.
Furono immediatamente attaccati dai feroci e affamati husky.
На них миттєво напали люті голодні хаскі.
Buck non aveva mai visto prima creature così selvagge e affamate.
Бак ніколи раніше не бачив таких диких і голодних істот.
La loro pelle pendeva flaccida, nascondendo a malapena lo scheletro.
Їхня шкіра вільно звисала, ледве приховуючи їхні скелети.
C'era un fuoco nei loro occhi, per fame e follia
В їхніх очах горів вогонь від голоду та божевілля
Non c'era modo di fermarli, di resistere al loro assalto selvaggio.
Їх не можна було зупинити, не можна було чинити опір їхньому дикому нападу.
I cani da slitta vennero spinti indietro e premuti contro la parete della scogliera.
Їзових собак відштовхнули назад, притиснувши до стіни скелі.
Tre husky attaccarono Buck contemporaneamente, lacerandogli la carne.
Троє хаскі одночасно напали на Бака, розриваючи його плоть.
Il sangue gli colava dalla testa e dalle spalle, dove era stato tagliato.
Кров лилася з його голови та плечей, де його порізали.
Il rumore riempì l'accampamento: ringhi, guaiti e grida di dolore.
Шум наповнив табір: гарчання, вереск і крики болю.

Billee pianse forte, come al solito, presa dal panico e dalla mischia.
Біллі голосно заплакала, як завжди, посеред сутички та паніки.
Dave e Solleks rimasero fianco a fianco, sanguinanti ma con aria di sfida.
Дейв і Соллекс стояли пліч-о-пліч, стікаючи кров'ю, але зухвало.
Joe lottava come un demonio, mordendo tutto ciò che gli si avvicinava.
Джо бився, як демон, кусаючи все, що наближалося.
Con un violento schiocco di mascelle schiacciò la zampa di un husky.
Він одним жорстоким клацанням щелеп розчавив ногу хаскі.
Pike saltò sull'husky ferito e gli ruppe il collo all'istante.
Щука стрибнула на поранену лайку та миттєво зламала їй шию.
Buck afferrò un husky per la gola e gli strappò la vena.
Бак схопив хаскі за горло та розірвав вену.
Il sangue schizzò e il sapore caldo mandò Buck in delirio.
Бризнула кров, а теплий смак довів Бака до шаленства.
Si lanciò contro un altro aggressore senza esitazione.
Він без вагань кинувся на іншого нападника.
Nello stesso momento, denti aguzzi si conficcarono nella gola di Buck.
Тієї ж миті гострі зуби вп'ялися в горло Бака.
Spitz aveva colpito di lato, attaccando senza preavviso.
Шпіц завдав удару збоку, атакуючи без попередження.
Perrault e François avevano sconfitto i cani rubando il cibo.
Перро та Франсуа перемогли собак, які крали їжу.
Ora si precipitarono ad aiutare i loro cani a respingere gli aggressori.
Тепер вони кинулися допомагати своїм собакам відбиватися від нападників.
I cani affamati si ritirarono mentre gli uomini roteavano i loro manganelli.

Голодні собаки відступили, коли чоловіки розмахували своїми кийками.

Buck riuscì a liberarsi dall'attacco, ma la fuga fu breve.
Бак вирвався з-під нападу, але втеча була недовгою.

Gli uomini corsero a salvare i loro cani e gli husky tornarono ad attaccarli.
Чоловіки побігли рятувати своїх собак, і хаскі знову зграєю нахлинули на них.

Billee, spaventato e coraggioso, si lanciò nel branco di cani.
Біллі, наляканий до сміливості, стрибнув у зграю собак.

Ma poi fuggì attraverso il ghiaccio, in preda al terrore e al panico.
Але потім він утік по льоду, охоплений жахом і панікою.

Pike e Dub li seguirono da vicino, correndo per salvarsi la vita.
Пайк і Даб йшли одразу позаду, рятуючи своє життя.

Il resto della squadra si disperse e li inseguì.
Решта команди розбіглася та побігла за ними.

Buck raccolse le forze per correre, ma poi vide un lampo.
Бак зібрав сили, щоб бігти, але раптом побачив спалах.

Spitz si lanciò verso Buck, cercando di buttarlo a terra.
Шпіц кинувся на Бака, намагаючись збити його з ніг.

Sotto quella banda di husky, Buck non avrebbe avuto scampo.
Під таким натовпом хаскі Баку не було б порятунку.

Ma Buck rimase fermo e si preparò al colpo di Spitz.
Але Бак стояв твердо і готувався до удару Шпіца.

Poi si voltò e corse sul ghiaccio con la squadra in fuga.
Потім він розвернувся і вибіг на лід разом з командою, що тікала.

Più tardi i nove cani da slitta si radunarono al riparo del bosco.
Пізніше дев'ять їздових собак зібралися в лісовому укритті.

Nessuno li inseguiva più, ma erano malconci e feriti.
Ніхто їх більше не переслідував, але вони були побиті та поранені.

Ogni cane presentava delle ferite: quattro o cinque tagli profondi su ogni corpo.
У кожного собаки були рани; чотири чи п'ять глибоких порізів на тілі.
Dub aveva una zampa posteriore ferita e ora faceva fatica a camminare.
У Дуба була травма задньої ноги, і йому тепер було важко ходити.
Dolly, l'ultimo cane arrivato da Dyea, aveva la gola tagliata.
Доллі, найновіша собака з Дайї, мала перерізане горло.
Joe aveva perso un occhio e l'orecchio di Billee era stato tagliato a pezzi
Джо втратив око, а вухо Біллі було розрізане на шматки
Tutti i cani piansero per il dolore e la sconfitta durante la notte.
Усі собаки кричали від болю та поразки всю ніч.
All'alba tornarono lentamente all'accampamento, doloranti e distrutti.
На світанку вони прокралися назад до табору, знесилені та розбиті.
Gli husky erano scomparsi, ma il danno era fatto.
Хаскі зникли, але шкода вже була завдана.
Perrault e François erano di pessimo umore e osservavano le rovine.
Перро та Франсуа стояли над руїнами в кепському настрої.
Metà del cibo era sparito, rubato dai ladri affamati.
Половина їжі зникла, її пограбували голодні злодії.
Gli husky avevano strappato le corde e la tela della slitta.
Хаскі порвали кріплення саней та парусину.
Tutto ciò che aveva odore di cibo era stato divorato completamente.
Все, що мало запах їжі, було з'їдено повністю.
Mangiarono un paio di stivali da viaggio in pelle di alce di Perrault.
Вони з'їли пару дорожніх чобіт Перро зі шкіри лося.
Hanno masticato le pelli e rovinato i cinturini rendendoli inutilizzabili.

Вони жували шкіряні рейси та псували ремені до непридатності.

François smise di fissare la frusta strappata per controllare i cani.

Франсуа перестав дивитися на порвану батіг, щоб оглянути собак.

«Ah, amici miei», disse con voce bassa e preoccupata.

«Ах, друзі мої», — сказав він тихим, сповненим тривоги голосом.

"Forse tutti questi morsi vi trasformeranno in bestie pazze."

«Можливо, всі ці укуси перетворять вас на скажених звірів».

"Forse tutti cani rabbiosi, sacredam! Che ne pensi, Perrault?"

«Можливо, всі скажені собаки, сакраменто! Що ви думаєте, Перро?»

Perrault scosse la testa, con gli occhi scuri per la preoccupazione e la paura.

Перро похитав головою, його очі потемніли від занепокоєння та страху.

C'erano ancora quattrocento miglia tra loro e Dawson.

Між ними та Доусоном ще лежало чотириста миль.

La follia dei cani potrebbe ormai distruggere ogni possibilità di sopravvivenza.

Собаче божевілля тепер може знищити будь-який шанс на виживання.

Hanno passato due ore a imprecare e a cercare di riparare l'attrezzatura.

Вони дві години лаялися та намагалися полагодити спорядження.

La squadra ferita alla fine lasciò l'accampamento, distrutta e sconfitta.

Поранена команда нарешті покинула табір, розбита та переможена.

Questo è stato il sentiero più duro finora e ogni passo è stato doloroso.

Це була найважча стежка, і кожен крок був болісним.

Il fiume Thirty Mile non era ghiacciato e scorreva impetuoso.
Річка Тридцять-Майл не замерзла і шалено стрімко текла.
Soltanto nei punti calmi e nei vortici il ghiaccio riusciva a resistere.
Лише в спокійних місцях та вируючих вирах лід встигав утриматися.
Trascorsero sei giorni di duro lavoro per percorrere le trenta miglia.
Шість днів важкої праці минуло, поки тридцять миль були подолані.
Ogni miglio del sentiero porta con sé pericoli e minacce di morte.
Кожна миля стежки приносила небезпеку та загрозу смерті.
Uomini e cani rischiavano la vita a ogni passo doloroso.
Чоловіки та собаки ризикували своїм життям на кожному болісному кроці.
Perrault riuscì a superare i sottili ponti di ghiaccio una dozzina di volte.
Перро пробивав тонкі крижані мости десятки разів.
Prese un palo e lo lasciò cadere nel buco creato dal suo corpo.
Він ніс жердину і кинув її на отвір, який утворило його тіло.
Quel palo salvò Perrault più di una volta dall'annegamento.
Не раз ця жердина рятувала Перро від утоплення.
L'ondata di freddo persisteva, la temperatura era di cinquanta gradi sotto zero.
Похолодання трималося міцно, температура повітря була п'ятдесят градусів нижче нуля.
Ogni volta che cadeva, Perrault era costretto ad accendere un fuoco per sopravvivere.
Щоразу, коли він падав у вогонь, Перро мусив розводити вогонь, щоб вижити.
Gli abiti bagnati si congelavano rapidamente, perciò li faceva asciugare vicino al calore cocente.

Мокрий одяг швидко замерзав, тому він сушив його біля палючої спеки.

Perrault non provava mai paura, e questo faceva di lui un corriere.

Жоден страх ніколи не торкався Перро, і це робило його кур'єром.

Fu scelto per affrontare il pericolo e lo affrontò con silenziosa determinazione.

Його обрали для небезпеки, і він зустрів її зі спокійною рішучістю.

Si spinse in avanti controvento, con il viso raggrinzito e congelato.

Він штовхався вперед, проти вітру, його зморщене обличчя було обморожене.

Perrault li guidò in avanti dall'alba al tramonto.

Від слабкого світанку до настання темряви Перро вів їх уперед.

Camminava sul ghiaccio sottile che scricchiolava a ogni passo.

Він йшов вузькою крижаною облямівкою, яка трісталася з кожним кроком.

Non osavano fermarsi: ogni pausa rischiava di provocare un crollo mortale.

Вони не сміли зупинятися — кожна пауза ризикувала смертельним падінням.

Una volta la slitta si ruppe, trascinando dentro Dave e Buck.

Одного разу сани прорвалися, потягнувши за собою Дейва та Бака.

Quando furono liberati, entrambi erano quasi congelati.

Коли їх витягли на волю, обоє були майже замерзлі.

Gli uomini accesero rapidamente un fuoco per salvare Buck e Dave.

Чоловіки швидко розпалили багаття, щоб Бак і Дейв залишилися живими.

I cani erano ricoperti di ghiaccio dal naso alla coda, rigidi come legno intagliato.

Собаки були вкриті льодом від носа до хвоста, затверділі, як різьблене дерево.

Gli uomini li fecero correre in cerchio vicino al fuoco per scongelarne i corpi.

Чоловіки бігали ними по колу біля вогню, щоб розморозити їхні тіла.

Si avvicinarono così tanto alle fiamme che la loro pelliccia rimase bruciacchiata.

Вони підійшли так близько до полум'я, що їхнє хутро обпекло.

Spitz ruppe poi il ghiaccio, trascinando dietro di sé la squadra.

Наступним крізь лід прорвався Шпіц, потягнувши за собою команду.

La frenata arrivava fino al punto in cui Buck stava tirando.

Прорив сягав аж до того місця, де тягнув Бак.

Buck si appoggiò bruscamente allo schienale, con le zampe che scivolavano e tremavano sul bordo.

Бак різко відкинувся назад, лапи ковзали й тремтіли на краю.

Anche Dave si sforzò all'indietro, proprio dietro Buck sulla linea.

Дейв також напружився назад, одразу за Баком на мотузці.

François tirava la slitta e i suoi muscoli scricchiolavano per lo sforzo.

Франсуа тягнув сани, його м'язи тріщали від напруження.

Un'altra volta, il ghiaccio del bordo si è crepato davanti e dietro la slitta.

Іншого разу крайній лід тріснув перед і позаду саней.

Non avevano altra via d'uscita se non quella di arrampicarsi su una parete ghiacciata.

У них не було іншого виходу, окрім як вилізти на замерзлу стіну скелі.

In qualche modo Perrault riuscì a scalare il muro: un miracolo lo tenne in vita.

Перро якимось чином переліз на стіну; диво врятувало його життя.

François rimase sottocoperta, pregando che gli capitasse la stessa fortuna.

Франсуа залишився внизу, молячись про таку ж удачу.

Legarono ogni cinghia, legatura e tirante in un'unica lunga corda.

Вони зв'язали кожен ремінь, мотузку та шнур в одну довгу мотузку.

Gli uomini trascinarono i cani uno alla volta fino in cima.

Чоловіки по черзі витягували собак нагору.

François salì per ultimo, dopo la slitta e tutto il carico.

Франсуа піднявся останнім, після санок та всього вантажу.

Poi iniziò una lunga ricerca di un sentiero che scendesse dalle scogliere.

Потім почалися довгі пошуки стежки вниз зі скель.

Alla fine scesero utilizzando la stessa corda che avevano costruito.

Зрештою вони спустилися, використовуючи ту саму мотузку, яку самі зробили.

Scese la notte mentre tornavano al letto del fiume, esausti e doloranti.

Ніч настала, коли вони повернулися до русла річки, виснажені та з болем у шкірі.

Avevano impiegato un giorno intero per percorrere solo un quarto di miglio.

Їм знадобився цілий день, щоб подолати лише чверть милі.

Quando giunsero all'Hootalinqua, Buck era sfinito.

Коли вони дісталися до Хуталінкви, Бак був дуже виснажений.

Anche gli altri cani soffrivano le stesse condizioni del sentiero.

Інші собаки так само сильно постраждали від умов стежки.

Ma Perrault aveva bisogno di recuperare tempo e li spingeva avanti giorno dopo giorno.

Але Перро потрібно було надолужити час, і він щодня підганявся до них.
Il primo giorno percorsero trenta miglia fino a Big Salmon.
Першого дня вони проїхали тридцять миль до Біг-Салмона.
Il giorno dopo percorsero trentacinque miglia fino a Little Salmon.
Наступного дня вони подолали тридцять п'ять миль до Літтл-Салмона.
Il terzo giorno percorsero quaranta miglia ghiacciate.
На третій день вони пройшли сорок довгих замерзлих миль.
A quel punto si stavano avvicinando all'insediamento di Five Fingers.
На той час вони вже наближалися до поселення П'ять Пальців.

I piedi di Buck erano più morbidi di quelli duri degli husky autoctoni.
Лапи Бака були м'якші за тверді лапи місцевих хаскі.
Le sue zampe erano diventate tenere nel corso di molte generazioni civilizzate.
Його лапи стали ніжними протягом багатьох поколінь цивілізованого населення.
Molto tempo fa, i suoi antenati erano stati addomesticati dagli uomini del fiume o dai cacciatori.
Давним-давно його предків приручили річкові люди або мисливці.
Ogni giorno Buck zoppicava per il dolore, camminando con le zampe screpolate e doloranti.
Щодня Бак кульгав від болю, ходячи на заболінених, ниючих лапах.
Giunto all'accampamento, Buck cadde come un corpo senza vita sulla neve.
У таборі Бак упав на сніг, немов бездихане тіло.
Sebbene fosse affamato, Buck non si alzò per consumare il pasto serale.

Хоча Бак і був голодний, він не встав, щоб повечеряти.
François portò la sua razione a Buck, mettendogli del pesce vicino al muso.
Франсуа приніс Баку його пайок, підкладаючи рибу йому біля морди.
Ogni notte l'autista massaggiava i piedi di Buck per mezz'ora.
Щоночі водій півгодини розтирав Баку ноги.
François arrivò persino a tagliare i suoi mocassini per farne delle calzature per cani.
Франсуа навіть розрізав власні мокасини, щоб зробити з них взуття для собак.
Quattro scarpe calde diedero a Buck un grande e gradito sollievo.
Чотири теплі черевики принесли Баку велике та бажане полегшення.
Una mattina François dimenticò le scarpe e Buck si rifiutò di alzarsi.
Одного ранку Франсуа забув черевики, а Бак відмовився вставати.
Buck giaceva sulla schiena, con i piedi in aria, e li agitava in modo pietoso.
Бак лежав на спині, піднявши ноги вгору, і жалібно розмахував ними.
Persino Perrault sorrise alla vista dell'appello drammatico di Buck.
Навіть Перро посміхнувся, побачивши драматичне благання Бака.
Ben presto i piedi di Buck diventarono duri e le scarpe poterono essere tolte.
Невдовзі ноги Бака затверділи, і взуття можна було викинути.
A Pelly, durante il periodo in cui veniva imbrigliata, Dolly emise un ululato terribile.
У Пеллі, під час їзди на конях, Доллі видала жахливе виття.
Il grido era lungo e pieno di follia, e fece tremare tutti i cani.

Крик був довгим і сповненим божевілля, від якого тряслося кожен собака.
Ogni cane si rizzava per la paura, senza capirne il motivo.
Кожен собака наїжачився від страху, не знаючи причини.
Dolly era impazzita e si era scagliata contro Buck.
Доллі збожеволіла і кинулася прямо на Бака.
Buck non aveva mai visto la follia, ma l'orrore gli riempì il cuore.
Бак ніколи не бачив божевілля, але жах сповнював його серце.
Senza pensarci due volte, si voltò e fuggì in preda al panico più assoluto.
Не замислюючись, він повернувся і втік у повній паніці.
Dolly lo inseguì, con gli occhi selvaggi e la saliva che le colava dalle fauci.
Доллі гналася за ним, її очі були шалені, з щелеп летіла слина.
Si tenne sempre dietro a Buck, senza mai guadagnare terreno e senza mai indietreggiare.
Вона трималася одразу за Баком, не наздоганяючи його і не відступаючи.
Buck corse attraverso i boschi, giù per l'isola, sul ghiaccio frastagliato.
Бак біг крізь ліс, вниз по острову, по нерівному льоду.
Attraversò un'isola, poi un'altra, per poi tornare indietro verso il fiume.
Він перейшов до одного острова, потім до іншого, повернувшись до річки.
Dolly continuava a inseguirlo, ringhiando sempre più forte a ogni passo.
Доллі все ще гналася за ним, її гарчання чулося позаду на кожному кроці.
Buck poteva sentire il suo respiro e la sua rabbia, anche se non osava voltarsi indietro.
Бак чув її дихання та лють, хоча не наважувався озирнутися.
François gridò da lontano e Buck si voltò verso la voce.

Франсуа крикнув здалеку, і Бак обернувся на голос.

Ancora senza fiato, Buck corse oltre, riponendo ogni speranza in François.

Все ще хапаючи ротом повітря, Бак пробіг повз, покладаючи всю надію на Франсуа.

Il conducente del cane sollevò un'ascia e aspettò che Buck gli passasse accanto.

Погонич собаки підняв сокиру й чекав, поки Бак пролетить повз.

L'ascia calò rapidamente e colpì la testa di Dolly con forza mortale.

Сокира швидко опустилася і зі смертельною силою вдарила Доллі по голові.

Buck crollò vicino alla slitta, ansimando e incapace di muoversi.

Бак звалився біля саней, хрипів і не міг поворухнутися.

Quel momento diede a Spitz la possibilità di colpire un nemico esausto.

Цей момент дав Шпіцу шанс вдарити по виснаженому ворогу.

Morse Buck due volte, strappandogli la carne fino all'osso bianco.

Двічі він вкусив Бака, роздерши плоть аж до білої кістки.

La frusta di François schioccò, colpendo Spitz con tutta la sua forza, con furia.

Батіг Франсуа хруснув, вдаривши Шпіца з повною, лютою силою.

Buck guardò con gioia Spitz mentre riceveva il pestaggio più duro fino a quel momento.

Бак з радістю спостерігав, як Шпіц отримав свої найжорстокіші побої.

«È un diavolo, quello Spitz», borbottò Perrault tra sé e sé.

«Він диявол, цей Шпіц», — похмуро пробурмотів Перро сам собі під ніс.

"Un giorno o l'altro, quel cane maledetto ucciderà Buck, lo giuro."

«Колись скоро цей клятий собака вб'є Бака — клянусь.»

«Quel Buck ha due diavoli dentro di sé», rispose François annuendo.

«У цьому Баку два дияволи», – відповів Франсуа, кивнувши.

"Quando osservo Buck, so che dentro di lui si cela qualcosa di feroce."

«Коли я спостерігаю за Баком, я відчуваю, що в ньому чекає щось несамовите».

"Un giorno, si infurierà come il fuoco e farà a pezzi Spitz."

«Одного дня він розлютиться, як вогонь, і розірве Шпіца на шматки».

"Mastichera quel cane e lo sputerà sulla neve ghiacciata."

«Він розжує цього собаку та виплюне його на замерзлий сніг».

"Certo, lo so fin nel profondo."

«Звісно ж, я знаю це глибоко в глибині душі».

Da quel momento in poi, i due cani furono in guerra tra loro.

З того моменту між двома собаками почалася війна.

Spitz guidava la squadra e deteneva il potere, ma Buck lo sfidava.

Шпітц очолював команду та мав владу, але Бак кинув цьому виклик.

Spitz si rese conto che il suo rango era minacciato da questo strano straniero del Sud.

Шпіц бачив, як цей дивний незнайомець з Півдня загрожує його рангу.

Buck era diverso da tutti i cani del sud che Spitz aveva conosciuto fino ad allora.

Бак був не схожий на жодного південного собаку, якого Шпіц знав раніше.

La maggior parte di loro fallì: troppo deboli per sopravvivere al freddo e alla fame.

Більшість із них зазнали невдачі — вони були надто слабкі, щоб пережити холод і голод.

Morirono rapidamente a causa del lavoro, del gelo e del lento bruciare della carestia.

Вони швидко помирали від праці, морозу та повільного горіння голоду.

Buck si distingueva: ogni giorno più forte, più intelligente e più selvaggio.

Бак виділявся — з кожним днем сильніший, розумніший і лютіший.

Ha prosperato nonostante le difficoltà, crescendo al pari degli husky del nord.

Він процвітав у труднощах, виростаючи, щоб відповідати північним хаскі.

Buck era dotato di forza, abilità straordinaria e un istinto paziente e letale.

Бак мав силу, шалену майстерність і терплячий, смертоносний інстинкт.

L'uomo con la mazza aveva annientato Buck per fargli perdere la temerarietà.

Чоловік з кийком вибив з Бака необачність.

La furia cieca se n'era andata, sostituita da un'astuzia silenziosa e dal controllo.

Сліпа лють зникла, її замінили тиха хитрість і контроль.

Attese, calmo e primordiale, in attesa del momento giusto.

Він чекав, спокійний і первісний, вичікуючи слушного моменту.

La loro lotta per il comando divenne inevitabile e chiara.

Їхня боротьба за командування стала неминучою та очевидною.

Buck desiderava la leadership perché il suo spirito la richiedeva.

Бак прагнув лідерства, бо цього вимагав його дух.

Era spinto da quello strano orgoglio che nasceva dal sentiero e dall'imbracatura.

Його рухала дивна гордість, народжена стежкою та упряжжю.

Quell'orgoglio faceva sì che i cani tirassero fino a crollare sulla neve.

Ця гордість змушувала собак тягнути, аж поки вони не падали на сніг.

L'orgoglio li spinse a dare tutta la forza che avevano.
Гордість спонукала їх віддати всю свою силу.
L'orgoglio può trascinare un cane da slitta fino al punto di ucciderlo.
Гординя може заманити їздового собаку навіть до смерті.
Perdere l'imbracatura rendeva i cani deboli e senza scopo.
Втрата шлейки залишала собак розбитими та безцільними.
Il cuore di un cane da slitta può essere spezzato dalla vergogna quando va in pensione.
Серце їздового собаки може бути розчавлене від сорому, коли вони відходять на пенсію.
Dave viveva con questo orgoglio mentre trascinava la slitta da dietro.
Дейв жив цією гордістю, тягнучи сани ззаду.
Anche Solleks diede il massimo con cupa forza e lealtà.
Соллекс також віддавався всією своєю незмінною силою та вірністю.
Ogni mattina l'orgoglio li trasformava da amareggiati a determinati.
Щоранку гордість перетворювала їх з озлоблених на рішучих.
Spinsero per tutto il giorno, poi tacquero una volta giunti alla fine dell'accampamento.
Вони штовхалися цілий день, а потім замовкли на краю табору.
Quell'orgoglio diede a Spitz la forza di mettere in riga i fannulloni.
Ця гордість дала Шпіцу сили змусити ухилячів від роботи вишикуватися.
Spitz temeva Buck perché Buck nutriva lo stesso profondo orgoglio.
Шпіц боявся Бака, бо Бак мав у собі таку ж глибоку гордість.
L'orgoglio di Buck ora si agitò contro Spitz, ma lui non si fermò.

Гордість Бака тепер обурилася проти Шпіца, і він не зупинився.
Buck sfidò il potere di Spitz e gli impedì di punire i cani.
Бак кинув виклик силі Шпіца та завадив йому покарати собак.
Quando gli altri fallivano, Buck si frapponeva tra loro e il loro capo.
Коли інші зазнавали невдачі, Бак ставав між ними та їхнім лідером.
Lo fece con intenzione, rendendo la sua sfida aperta e chiara.
Він зробив це навмисно, зробивши свій виклик відкритим і чітким.
Una notte una forte nevicata coprì il mondo in un profondo silenzio.
Однієї ночі сильний сніг огорнув світ глибокою тишею.
La mattina dopo, Pike, pigro come sempre, non si alzò per andare al lavoro.
Наступного ранку Пайк, лінивіший, як завжди, не встав на роботу.
Rimase nascosto nel suo nido sotto uno spesso strato di neve.
Він ховався у своєму гнізді під товстим шаром снігу.
François gridò e cercò, ma non riuscì a trovare il cane.
Франсуа гукнув і почав шукати, але не зміг знайти собаку.
Spitz si infuriò e si scagliò contro l'accampamento coperto di neve.
Шпіц розлютився та промчав крізь засніжений табір.
Ringhiò e annusò, scavando freneticamente con gli occhi fiammeggianti.
Він гарчав і шморгав носом, шалено копаючи палаючими очима.
La sua rabbia era così violenta che Pike tremava sotto la neve per la paura.
Його лють була такою люттю, що Пайк затремтів під снігом від страху.
Quando finalmente Pike fu trovato, Spitz si lanciò per punire il cane nascosto.

Коли Пайка нарешті знайшли, Шпіц кинувся покарати собаку, що сховався.

Ma Buck si scagliò tra loro con una furia pari a quella di Spitz.

Але Бак стрибнув між ними з люттю, не меншою за Шпіца.

L'attacco fu così improvviso e astuto che Spitz cadde a terra.

Атака була настільки раптовою та хитрою, що Шпіц упав з ніг.

Pike, che tremava, trasse coraggio da questa sfida.

Пайк, якого весь тремтів, набрався сміливості після цього непокори.

Seguendo l'audace esempio di Buck, saltò sullo Spitz caduto.

Він стрибнув на поваленого Шпіца, наслідуючи сміливий приклад Бака.

Buck, non più vincolato dall'equità, si unì allo sciopero di Spitz.

Бак, більше не зв'язаний принципами справедливості, приєднався до страйку на Шпітці.

François, divertito ma fermo nella disciplina, agitò la sua pesante frusta.

Франсуа, розважений, але водночас непохитний у дисципліні, розмахнувся важким батогом.

Colpì Buck con tutta la sua forza per interrompere la rissa.

Він щосили вдарив Бака, щоб припинити бійку.

Buck si rifiutò di muoversi e rimase in groppa al capo caduto.

Бак відмовився рухатися і залишився на полеглому лідері.

François allora usò il manico della frusta e colpì Buck con violenza.

Тоді Франсуа скористався ручкою батога, сильно вдаривши Бака.

Barcollando per il colpo, Buck cadde all'indietro sotto l'assalto.

Захитавшись від удару, Бак упав назад під натиском.

François colpì più volte mentre Spitz puniva Pike.

Франсуа бив знову і знову, поки Шпіц карав Пайка.

Passarono i giorni e Dawson City si avvicinava sempre di più.
Дні минали, і Доусон-Сіті ставав все ближче й ближче.
Buck continuava a intromettersi, infilandosi tra Spitz e gli altri cani.
Бак постійно втручався, проскакуючи між Шпіцем та іншими собаками.
Sceglieva bene i suoi momenti, aspettando sempre che François se ne andasse.
Він вміло вибирав моменти, завжди чекаючи, поки Франсуа піде.
La ribellione silenziosa di Buck si diffuse e il disordine prese piede nella squadra.
Тихий бунт Бака поширився, і в команді поширився безлад.
Dave e Solleks rimasero leali, ma altri diventarono indisciplinati.
Дейв і Соллекс залишилися вірними, але інші стали непокірними.
La squadra peggiorò: divenne irrequieta, litigiosa e fuori luogo.
Команда ставала дедалі гіршою — неспокійною, сварливою та невідповідною.
Ormai niente filava liscio e le liti diventavano all'ordine del giorno.
Нічого більше не працювало гладко, і бійки стали звичним явищем.
Buck rimase sempre al centro dei guai, provocando disordini.
Бак залишався в самому центрі конфлікту, завжди провокуючи заворушення.
François rimase vigile, temendo la lotta tra Buck e Spitz.
Франсуа залишався напоготові, боячись бійки між Баком і Шпіцем.
Ogni notte veniva svegliato da zuffe e temeva che finalmente fosse arrivato l'inizio.

Щоночі його будили бійки, він боявся, що нарешті настав початок.

Balzò fuori dalla veste, pronto a interrompere la rissa.
Він зіскочив з мантії, готовий розірвати бійку.

Ma il momento non arrivò mai e alla fine raggiunsero Dawson.
Але цей момент так і не настав, і вони нарешті дісталися Доусона.

La squadra entrò in città in un pomeriggio cupo, teso e silenzioso.
Одного похмурого дня команда в'їхала до міста, напружена та тиха.

La grande battaglia per la leadership era ancora sospesa nell'aria gelida.
Велика битва за лідерство все ще висіла в замерзлому повітрі.

Dawson era piena di uomini e cani da slitta, tutti impegnati nel lavoro.
Доусон був сповнений чоловіків та їздових собак, усі зайняті роботою.

Buck osservava i cani trainare i carichi dalla mattina alla sera.
Бак спостерігав, як собаки тягли вантажі з ранку до вечора.

Trasportavano tronchi e legna da ardere e spedivano rifornimenti alle miniere.
Вони перевозили колоди та дрова, вантажили припаси до шахт.

Nel Southland, dove un tempo lavoravano i cavalli, ora lavoravano i cani.
Там, де колись на Півдні працювали коні, тепер трудилися собаки.

Buck vide alcuni cani provenienti dal Sud, ma la maggior parte erano husky simili a lupi.
Бак бачив кількох собак з півдня, але більшість із них були схожі на вовків-хаскі.

Di notte, puntuali come un orologio, i cani alzavano la voce e cantavano.

Вночі, як годинник, собаки підвищували голоси у пісні.
Alle nove, a mezzanotte e di nuovo alle tre, il canto cominciò.
О дев'ятій, опівночі і знову о третій починався спів.
Buck amava unirsi al loro canto inquietante, selvaggio e antico nel suono.
Бак любив приєднуватися до їхнього моторошного співу, дикого та стародавнього за звучанням.
L'aurora fiammeggiava, le stelle danzavano e la neve ricopriva la terra.
Палахнуло полярне сяйво, танцювали зірки, а землю вкрив сніг.
Il canto dei cani si elevava come un grido contro il silenzio e il freddo pungente.
Собачий спів піднявся, немов крик проти тиші та лютого холоду.
Ma il loro urlo esprimeva tristezza, non sfida, in ogni lunga nota.
Але в кожній довгій ноті їхнього виття чувся смуток, а не виклик.
Ogni lamento era pieno di supplica: il peso stesso della vita.
Кожен плач був сповнений благання; тягарем самого життя.
Quella canzone era vecchia, più vecchia delle città e più vecchia degli incendi
Та пісня була старою — давнішою за міста і давнішою за пожежі
Quel canto era più antico perfino delle voci degli uomini.
Та пісня була навіть давнішою за людські голоси.
Era una canzone del mondo dei giovani, quando tutte le canzoni erano tristi.
Це була пісня з молодого світу, коли всі пісні були сумними.
La canzone porta con sé il dolore di innumerevoli generazioni di cani.
Пісня несла в собі смуток незліченних поколінь собак.

Buck percepì profondamente la melodia, gemendo per un dolore radicato nei secoli.
Бак глибоко відчув мелодію, стогнучи від болю, що сягав корінням у віки.
Singhiozzava per un dolore antico quanto il sangue selvaggio nelle sue vene.
Він ридав від горя, такого ж старого, як шалена кров у його жилах.
Il freddo, l'oscurità e il mistero toccarono l'anima di Buck.
Холод, темрява та таємничість торкнулися душі Бака.
Quella canzone dimostrava quanto Buck fosse tornato alle sue origini.
Ця пісня довела, наскільки далеко Бак повернувся до своїх витоків.
Tra la neve e gli ululati aveva trovato l'inizio della sua vita.
Крізь сніг та виття він знайшов початок власного життя.

Sette giorni dopo l'arrivo a Dawson, ripartirono.
Через сім днів після прибуття до Доусона вони знову вирушили в дорогу.
La squadra si è lanciata dalla caserma fino allo Yukon Trail.
Команда спустилася з казарм до Юконської стежки.
Iniziarono il viaggio di ritorno verso Dyea e Salt Water.
Вони почали подорож назад до Дайї та Солт-Вотер.
Perrault trasmise dispacci ancora più urgenti di prima.
Перро перевозив депеші ще термінивіші, ніж раніше.
Era anche preso dall'orgoglio per la corsa e puntava a stabilire un record.
Його також охопила гордість за перемогу на трейлі, і він прагнув встановити рекорд.
Questa volta Perrault aveva diversi vantaggi.
Цього разу кілька переваг були на боці Перро.
I cani avevano riposato per un'intera settimana e avevano ripreso le forze.
Собаки відпочивали цілий тиждень і відновили свої сили.
La pista che avevano tracciato era ora battuta da altri.

Стежка, яку вони протоптали, тепер була міцно втоптана іншими.
In alcuni punti la polizia aveva immagazzinato cibo sia per i cani che per gli uomini.
У деяких місцях поліція зберігала їжу як для собак, так і для чоловіків.
Perrault viaggiava leggero, si muoveva velocemente e aveva poco a cui aggrapparsi.
Перро подорожував без багажу, рухаючись швидко, маючи мало що, що його обтяжувало.
La prima sera raggiunsero la Sixty-Mile, una corsa lunga 50 miglia.
Вони досягли Шістдесятої Милі, п'ятдесятимильної пробіжки, до першої ночі.
Il secondo giorno risalirono rapidamente lo Yukon in direzione di Pelly.
На другий день вони кинулися вгору по Юкону до Пеллі.
Ma questi grandi progressi comportarono anche molta fatica per François.
Але такий чудовий прогрес супроводжувався великими труднощами для Франсуа.
La ribellione silenziosa di Buck aveva infranto la disciplina della squadra.
Тихий бунт Бака підірвав дисципліну команди.
Non si univano più come un'unica bestia al comando.
Вони більше не тягнулися разом, як один звір у віжах.
Buck aveva spinto altri alla sfida con il suo coraggioso esempio.
Бак своїм сміливим прикладом спонукав інших до непокори.
L'ordine di Spitz non veniva più accolto con timore o rispetto.
Наказ Шпіца більше не зустрічався зі страхом чи повагою.
Gli altri persero ogni timore reverenziale nei suoi confronti e osarono opporsi al suo governo.
Інші втратили перед ним благоговіння та наважилися чинити опір його правлінню.

Una notte, Pike rubò mezzo pesce e lo mangiò sotto gli occhi di Buck.
Одного разу вночі Пайк вкрав піврибини та з'їв її під оком у Бака.
Un'altra notte, Dub e Joe combatterono contro Spitz e rimasero impuniti.
Іншої ночі Даб і Джо побилися зі Шпіцем і залишилися безкарними.
Anche Billee gemette meno dolcemente e mostrò una nuova acutezza.
Навіть Біллі скиглила менш солодко та виявила нову гостроту.
Buck ringhiava a Spitz ogni volta che si incrociavano.
Бак гарчав на Шпіца щоразу, коли вони перетиналися.
L'atteggiamento di Buck divenne audace e minaccioso, quasi come quello di un bullo.
Постава Бака стала зухвалою та загрозливою, майже як у хулігана.
Camminava avanti e indietro davanti a Spitz con un'andatura spavalda e piena di minaccia beffarda.
Він походжав перед Шпіцем із чванливою появою, сповненою глузливої погрози.
Questo crollo dell'ordine si diffuse anche tra i cani da slitta.
Цей крах порядку поширився і серед їздових собак.
Litigarono e discussero più che mai, riempiendo l'accampamento di rumore.
Вони билися та сперечалися більше, ніж будь-коли, наповнюючи табір гамором.
Ogni notte la vita nel campeggio si trasformava in un caos selvaggio e ululante.
Табірне життя щоночі перетворювалося на дикий, виючий хаос.
Solo Dave e Solleks rimasero fermi e concentrati.
Тільки Дейв і Соллекс залишалися стійкими та зосередженими.
Ma anche loro diventarono irascibili a causa delle continue risse.

Але навіть вони стали запальними через постійні бійки.
François imprecò in lingue strane e batté i piedi per la frustrazione.
Франсуа вилаявся дивними мовами та розчаровано тупнув ногами.
Si strappò i capelli e urlò mentre la neve gli volava sotto i piedi.
Він рвів на собі волосся і кричав, поки під ногами летів сніг.
La sua frusta schioccò contro il gruppo, ma a malapena riuscì a tenerli in riga.
Його батіг клацнув по зграї, але ледве втримав їх у черзі.
Ogni volta che voltava le spalle, la lotta ricominciava.
Щоразу, коли він повертався спиною, бійка спалахувала знову.
François usò la frusta per Spitz, mentre Buck guidava i ribelli.
Франсуа використав батіг для Шпіца, поки Бак очолював повстанців.
Ognuno conosceva il ruolo dell'altro, ma Buck evitava di addossare ogni colpa.
Кожен знав роль іншого, але Бак уникав будь-яких звинувачень.
François non ha mai colto Buck mentre iniziava una rissa o si sottraeva al suo lavoro.
Франсуа ніколи не ловив Бака на тому, щоб він починав бійку чи ухилявся від роботи.
Buck lavorava duramente ai finimenti: la fatica ora gli dava entusiasmo.
Бак наполегливо працював у упряжі — важка праця тепер хвилювала його дух.
Ma trovava ancora più gioia nel fomentare risse e caos nell'accampamento.
Але ще більше радості він знаходив у розпалюванні бійок та хаосу в таборі.

Una sera, alla foce del Tahkeena, Dub spaventò un coniglio.

Одного вечора біля пащі Тахкіни Дуб налякав кролика.
Mancò la presa e il coniglio con la racchetta da neve balzò via.
Він не встиг зачепитися, і заєць-снігоступи відскочив геть.
Nel giro di pochi secondi, l'intera squadra di slitte si lanciò all'inseguimento, gridando a squarciagola.
За лічені секунди вся упряжка з дикими криками кинулася в погоню.
Nelle vicinanze, un accampamento della polizia del nord-ovest ospitava cinquanta cani husky.
Неподалік, у таборі поліції Північно-Західного регіону, тримали п'ятдесят собак породи хаскі.
Si unirono alla caccia, scendendo insieme il fiume ghiacciato.
Вони приєдналися до полювання, разом мчачи вниз по замерзлій річці.
Il coniglio lasciò il fiume e fuggì lungo il letto ghiacciato di un ruscello.
Кролик звернув з річки, тікаючи вгору замерзлим руслом струмка.
Il coniglio saltellava leggero sulla neve mentre i cani si facevano strada a fatica.
Кролик легко підстрибував по снігу, поки собаки пробиралися крізь нього.
Buck guidava l'enorme branco di sessanta cani attorno a ogni curva tortuosa.
Бак вів величезну зграю з шістдесяти собак за кожним звивистим поворотом.
Si spinse in avanti, basso e impaziente, ma non riuscì a guadagnare terreno.
Він просувався вперед, низько та завзято, але не міг набрати обертів.
Il suo corpo brillava sotto la pallida luna a ogni potente balzo.
Його тіло миготіло під блідим місяцем з кожним потужним стрибком.

Davanti a loro, il coniglio si muoveva come un fantasma, silenzioso e troppo veloce per essere catturato.

Попереду кролик рухався, немов привид, безшумний і надто швидкий, щоб його впіймати.

Tutti quei vecchi istinti, la fame, l'eccitazione, attraversarono Buck.

Усі ці старі інстинкти — голод, трепет — пронизали Бака.

A volte gli esseri umani avvertono questo istinto e sono spinti a cacciare con armi da fuoco e proiettili.

Люди часом відчувають цей інстинкт, спонукані полювати з рушницею та кулею.

Ma Buck provava questa sensazione a un livello più profondo e personale.

Але Бак відчував це почуття на глибшому та більш особистому рівні.

Non riuscivano a percepire la natura selvaggia nel loro sangue come Buck.

Вони не могли відчувати дикість у своїй крові так, як її відчував Бак.

Inseguiva la carne viva, pronto a uccidere con i denti e ad assaggiare il sangue.

Він гнався за живим м'ясом, готовий убити зубами та скуштувати крові.

Il suo corpo si tendeva per la gioia, desiderando immergersi nel caldo rosso della vita.

Його тіло напружувалося від радості, бажаючи купатися в теплому червоному житті.

Una strana gioia segna il punto più alto che la vita possa mai raggiungere.

Дивна радість знаменує собою найвищу точку, якої може досягти життя.

La sensazione di raggiungere un picco in cui i vivi dimenticano di essere vivi.

Відчуття вершини, де живі забувають, що вони взагалі живі.

Questa gioia profonda tocca l'artista immerso in un'ispirazione ardente.

Ця глибока радість зворушує митця, зануреного у палке натхнення.

Questa gioia afferra il soldato che combatte selvaggiamente e non risparmia alcun nemico.

Ця радість охоплює солдата, який бореться несамовито і не щадить ворога.

Questa gioia ora colpì Buck mentre guidava il branco in preda alla fame primordiale.

Ця радість тепер охопила Бака, коли він очолював зграю, сповнений первісного голоду.

Ululò con l'antico grido del lupo, emozionato per l'inseguimento.

Він завив стародавнім вовчим криком, захоплений живою погонею.

Buck fece appello alla parte più antica di sé, persa nella natura selvaggia.

Бак торкнувся найдавнішої частини себе, загубленої в дикій природі.

Scavò in profondità dentro di sé, oltre la memoria, fino al tempo grezzo e antico.

Він сягнув глибоко всередину, у минуле, у сирий, давній час.

Un'ondata di vita pura pervase ogni muscolo e tendine.

Хвиля чистого життя пронизала кожен м'яз і сухожилля.

Ogni salto gridava che viveva, che attraversava la morte.

Кожен стрибок кричав, що він живий, що він рухається крізь смерть.

Il suo corpo si librava gioioso su una terra immobile e fredda che non si muoveva mai.

Його тіло радісно ширяло над нерухомою, холодною землею, яка ніколи не ворушилася.

Spitz rimase freddo e astuto anche nei suoi momenti più selvaggi.

Шпіц залишався холоднокровним і хитрим, навіть у свої найсміливіші моменти.

Lasciò il sentiero e attraversò un terreno dove il torrente formava una curva ampia.

Він зійшов зі стежки та перетнув місцевість там, де струмок широко вигинався.

Buck, ignaro di ciò, rimase sul sentiero tortuoso del coniglio.

Бак, не підозрюючи про це, залишився на звивистій стежці кролика.

Poi, mentre Buck svoltava dietro una curva, il coniglio spettrale si trovò davanti a lui.

Тоді, коли Бак завернув за поворот, перед ним з'явився кролик, схожий на привида.

Vide una seconda figura balzare dalla riva precedendo la preda.

Він побачив, як друга постать стрибнула з берега попереду здобичі.

La figura era Spitz, atterrato proprio sulla traiettoria del coniglio in fuga.

Фігурою був Шпіц, який приземлився прямо на шляху кролика, що тікав.

Il coniglio non riuscì a girarsi e incontrò le fauci di Spitz a mezz'aria.

Кролик не міг повернутись і вдарився Шпіца щелепами в повітрі.

La spina dorsale del coniglio si spezzò con un grido acuto come il grido di un essere umano morente.

Хребет кролика зламався від крику, різкого, як крик вмираючої людини.

A quel suono, il passaggio dalla vita alla morte, il branco ululò forte.

На цей звук — падіння з життя у смерть — зграя голосно завила.

Un coro selvaggio si levò da dietro Buck, pieno di oscura gioia.

З-за спини Бака пролунав дикий хор, сповнений похмурого захвату.

Buck non emise alcun grido, nessun suono e si lanciò dritto verso Spitz.

Бак не крикнув, не видав жодного звуку і кинувся прямо на Шпіца.

Mirò alla gola, ma colpì invece la spalla.
Він цілився в горло, але замість цього влучив у плече.
Caddero nella neve soffice, i loro corpi erano intrappolati in un combattimento.
Вони котилися крізь м'який сніг; їхні тіла зчепилися в бою.
Spitz balzò in piedi rapidamente, come se non fosse mai stato atterrato.
Шпіц швидко схопився, ніби його й не збили.
Colpì Buck alla spalla e poi balzò fuori dalla mischia.
Він рубонув Бака по плечу, а потім відскочив від бійки.
Per due volte i suoi denti schioccarono come trappole d'acciaio, e le sue labbra si arricciarono e si fecero feroci.
Двічі його зуби клацнули, немов сталеві пастки, губи скривилися та люто відчувалися.
Arretrò lentamente, cercando un terreno solido sotto i piedi.
Він повільно відступив, шукаючи твердого ґрунту під ногами.
Buck comprese il momento all'istante e pienamente.
Бак миттєво і повністю зрозумів момент.
Il momento era giunto: la lotta sarebbe stata una lotta all'ultimo sangue.
Час настав; бій мав бути битвою не на життя, а на смерть.
I due cani giravano in cerchio, ringhiando, con le orecchie piatte e gli occhi socchiusi.
Двоє собак кружляли навколо, гарчачи, з приплющеними вухами та змученими очима.
Ogni cane aspettava che l'altro mostrasse debolezza o facesse un passo falso.
Кожен собака чекав, поки інший проявить слабкість або зробить невдалий крок.
Buck percepiva quella scena come stranamente nota e profondamente ricordata.
Баку ця сцена здалася моторошно відомою та глибоко запам'ятовувалася.
I boschi bianchi, la terra fredda, la battaglia al chiaro di luna.
Білі ліси, холодна земля, битва під місячним сяйвом.
Un silenzio pesante, profondo e innaturale riempiva la terra.

Важка тиша наповнила землю, глибока та неприродна.
Nessun vento si alzava, nessuna foglia si muoveva, nessun suono rompeva il silenzio.
Жоден вітерець не ворухнувся, жоден листок не ворухнувся, жоден звук не порушив тиші.
Il respiro dei cani si levava come fumo nell'aria gelida e silenziosa.
Дихання собак здіймалося, мов дим, у замерзлому, тихому повітрі.
Il coniglio era stato dimenticato da tempo dal branco di animali selvatici.
Зграя диких звірів давно забула кролика.
Questi lupi semiaddomesticati ora stavano fermi in un ampio cerchio.
Ці напівприручені вовки тепер стояли нерухомо у широкому колі.
Erano silenziosi, solo i loro occhi luminosi rivelavano la loro fame.
Вони мовчали, лише їхні сяючі очі видавали їхній голод.
Il loro respiro saliva, mentre osservavano l'inizio dello scontro finale.
Їхнє дихання перехопило, коли вони спостерігали за початком фінальної битви.
Per Buck questa battaglia era vecchia e attesa, per niente strana.
Для Бака ця битва була старою та очікуваною, зовсім не дивною.
Era come il ricordo di qualcosa che doveva accadere da sempre.
Це було схоже на спогад про щось, що завжди мало статися.
Spitz era un cane da combattimento addestrato, affinato da innumerevoli risse selvagge.
Шпіц був дресированим бійцівським собакою, відточеним незліченними дикими бійками.
Dallo Spitzbergen al Canada, aveva sconfitto molti nemici.
Від Шпіцбергена до Канади він підкорив багатьох ворогів.

Era pieno di rabbia, ma non cedette mai il controllo alla rabbia.
Він був сповнений люті, але ніколи не давав собі волю.
La sua passione era acuta, ma sempre temperata dal duro istinto.
Його пристрасть була гострою, але завжди стримуваною жорстким інстинктом.
Non ha mai attaccato finché non ha avuto la sua difesa pronta.
Він ніколи не атакував, доки не забезпечив власний захист.
Buck provò più volte a raggiungere il collo vulnerabile di Spitz.
Бак знову і знову намагався дотягнутися до вразливої шиї Шпіца.
Ma ogni colpo veniva accolto da un fendente dei denti affilati di Spitz.
Але кожен удар зустрічався різким ударом гострих зубів Шпіца.
Le loro zanne si scontrarono ed entrambi i cani sanguinarono dalle labbra lacerate.
Їхні ікла зіткнулися, і в обох собак кров потекла з розірваних губ.
Nonostante i suoi sforzi, Buck non riusciva a rompere la difesa.
Як би Бак не робив випадів, він не міг прорвати захист.
Divenne sempre più furioso e si lanciò verso di lui con violente esplosioni di potenza.
Він дедалі більше розлютився, кидаючись уперед з шаленими сплесками сили.
Buck colpì ripetutamente la bianca gola di Spitz.
Знову й знову Бак бив по білій шийці Шпіца.
Ogni volta Spitz schivava e contrattaccava con un morso tagliente.
Щоразу Шпіц ухилявся і завдавав удару у відповідь різким укусом.
Poi Buck cambiò tattica, avventandosi di nuovo come se volesse colpirlo alla gola.

Тоді Бак змінив тактику, знову кинувшись, ніби за горло.
Ma a metà attacco si è ritirato, girandosi per colpire di lato.
Але він відступив під час атаки, повернувшись, щоб ударити збоку.
Colpì Spitz con una spallata, con l'intento di buttarlo a terra.
Він вдарив плечем Шпіца, прагнучи збити його з ніг.
Ogni volta che ci provava, Spitz lo schivava e rispondeva con un fendente.
Щоразу, коли він намагався, Шпіц ухилявся та парирував ударом.
La spalla di Buck si faceva scorticare mentre Spitz si liberava dopo ogni colpo.
Плече Бака заболіло, коли Шпіц відстрибував після кожного удару.
Spitz non era stato toccato, mentre Buck sanguinava dalle numerose ferite.
Шпіца не чіпали, тоді як Бак стікав кров'ю з численних ран.
Il respiro di Buck era affannoso e pesante, il suo corpo era viscido di sangue.
Бак важко й швидко дихав, його тіло було слизьким від крові.
La lotta diventava più brutale a ogni morso e carica.
З кожним укусом і атакою бійка ставала все жорстокішою.
Attorno a loro, sessanta cani silenziosi aspettavano che il primo cadesse.
Навколо них шістдесят мовчазних собак чекали, коли впаде перший.
Se un cane fosse caduto, il branco avrebbe posto fine alla lotta.
Якщо один собака впаде, зграя закінчить бійку.
Spitz vide Buck indebolirsi e cominciò ad attaccare.
Шпітц побачив, що Бак слабшає, і почав продовжувати атаку.
Mantenne Buck sbilanciato, costringendolo a lottare per restare in piedi.

Він тримав Бака втраченою рівновагою, змушуючи його боротися за рівновагу.
Una volta Buck inciampò e cadde, e tutti i cani si rialzarono.
Одного разу Бак спіткнувся та впав, і всі собаки підвелися.
Ma Buck si raddrizzò a metà caduta e tutti ricaddero.
Але Бак вирівнявся посеред падіння, і всі знову опустилися.
Buck aveva qualcosa di raro: un'immaginazione nata da un profondo istinto.
Бак мав щось рідкісне — уяву, народжену глибоким інстинктом.
Combatté per istinto naturale, ma combatté anche con astuzia.
Він бився, керуючись природним поривом, але також бився з хитрістю.
Tornò ad attaccare come se volesse ripetere il trucco dell'attacco alla spalla.
Він знову кинувся в атаку, ніби повторюючи свій трюк з атакою плечем.
Ma all'ultimo secondo si abbassò e passò sotto Spitz.
Але в останню секунду він низько опустився і пройшов під Шпіцем.
I suoi denti si bloccarono sulla zampa anteriore sinistra di Spitz con uno schiocco.
Його зуби з тріском вчепилися в передню ліву ногу Шпіца.
Spitz ora era instabile e il suo peso gravava solo su tre zampe.
Шпіц тепер стояв невпевнено, спираючись лише на три ноги.
Buck colpì di nuovo e tentò tre volte di atterrarlo.
Бак знову вдарив, тричі спробував збити його.
Al quarto tentativo ha usato la stessa mossa con successo
З четвертої спроби він успішно використав той самий прийом
Questa volta Buck riuscì a mordere la zampa destra di Spitz.
Цього разу Баку вдалося вкусити Шпіца за праву ногу.

Spitz, benché storpio e in agonia, continuò a lottare per sopravvivere.
Шпіц, хоч і був покалічений та страждав, продовжував боротися за виживання.
Vide il cerchio degli husky stringersi, con le lingue fuori e gli occhi luminosi.
Він побачив, як коло хаскі стискається, висунувши язики, а очі сяють.
Aspettarono di divorarlo, proprio come avevano fatto con gli altri.
Вони чекали, щоб поглинути його, як це робили з іншими.
Questa volta era lui al centro, sconfitto e condannato.
Цього разу він стояв посередині; переможений і приречений.
Ormai il cane bianco non aveva più alcuna possibilità di fuga.
Тепер у білого собаки не було жодного вибору втекти.
Buck non mostrò alcuna pietà, perché la pietà non era a posto nella natura selvaggia.
Бак не виявляв милосердя, бо милосердя не належало до дикої природи.
Buck si mosse con cautela, preparandosi per la carica finale.
Бак рухався обережно, готуючись до останньої атаки.
Il cerchio degli husky si stringeva; lui sentiva i loro respiri caldi.
Коло хаскі зблизилося; він відчував їхнє тепле дихання.
Si accovacciarono, pronti a scattare quando fosse giunto il momento.
Вони низько присіли, готуючись стрибнути, коли настане слушний момент.
Spitz tremava nella neve, ringhiando e cambiando posizione.
Шпіц тремтів на снігу, гарчав і пересувався з місця.
I suoi occhi brillavano, le labbra si arricciavano, i denti brillavano in un'espressione disperata e minacciosa.
Його очі палали, губи скривилися, зуби блищали у відчайдушній погрозі.

Barcollò, cercando ancora di resistere al freddo morso della morte.
Він похитнувся, все ще намагаючись стримати холодний укус смерті.
Aveva già visto situazioni simili, ma sempre dalla parte dei vincitori.
Він бачив таке й раніше, але завжди з боку переможця.
Ora era dalla parte perdente; lo sconfitto; la preda; la morte.
Тепер він був на боці переможених; переможених; здобичі; смерті.
Buck si preparò al colpo finale, mentre il cerchio dei cani si faceva sempre più stretto.
Бак обійшов його, готовий завдати останнього удару, а кільце собак зблизилося.
Poteva sentire i loro respiri caldi; erano pronti a uccidere.
Він відчував їхнє гаряче дихання; готові були вбити.
Calò il silenzio; tutto era al suo posto; il tempo si era fermato.
Запанувала тиша; все стало на свої місця; час зупинився.
Persino l'aria fredda tra loro si congelò per un ultimo istante.
Навіть холодне повітря між ними на останню мить замерзло.
Soltanto Spitz si mosse, cercando di trattenere la sua fine amara.
Тільки Шпіц ворухнувся, намагаючись стримати свій гіркий кінець.
Il cerchio dei cani si stava stringendo attorno a lui, come era suo destino.
Коло собак звужувалося навколо нього, як і його доля.
Ora era disperato, sapendo cosa stava per accadere.
Він був у відчаї, знаючи, що зараз станеться.
Buck balzò dentro e la sua spalla incontrò la sua spalla per l'ultima volta.
Бак стрибнув уперед, востаннє торкнувшись плеча.
I cani si lanciarono in avanti, nascondendo Spitz nell'oscurità della neve.

Собаки кинулися вперед, прикриваючи Шпіца у сніжній темряві.

Buck osservava, eretto e fiero; il vincitore in un mondo selvaggio.

Бак спостерігав, стоячи високо; переможець у дикому світі.

La bestia primordiale dominante aveva fatto la sua uccisione, e la aveva fatta bene.

Домінантний первісний звір здобув свою жертву, і це було добре.

Colui che ha conquistato la maestria
Той, Хто Досяг Майстерності

"Eh? Cosa ho detto? Dico la verità quando dico che Buck è un diavolo."

«Е? Що я такого сказав? Я маю рацію, коли кажу, що Бак — диявол».

François raccontò questo la mattina dopo aver scoperto la scomparsa di Spitz.

Франсуа сказав це наступного ранку, після того як виявив, що Шпіц зник.

Buck rimase lì, coperto di ferite causate dal violento combattimento.

Бак стояв там, вкритий ранами від жорстокої бійки.

François tirò Buck vicino al fuoco e indicò le ferite.

Франсуа підтягнув Бака до вогню та показав на поранення.

«Quello Spitz ha combattuto come il Devik», disse Perrault, osservando i profondi tagli.

«Цей Шпіц бився, як Девік», — сказав Перро, розглядаючи глибокі рани.

«E quel Buck si batteva come due diavoli», rispose subito François.

«І той Бак бився, як два дияволи», — одразу відповів Франсуа.

"Ora faremo buon passo; niente più Spitz, niente più guai."

«Тепер ми добре поспішимо; жодного Шпіца більше, жодних проблем».

Perrault stava preparando l'attrezzatura e caricò la slitta con cura.

Перро пакував спорядження та обережно вантажив сани.

François bardò i cani per prepararli alla corsa della giornata.

Франсуа запряг собак, готуючись до денної пробіжки.

Buck trotterellò dritto verso la posizione di testa, precedentemente occupata da Spitz.

Бак помчав прямо до лідируючої позиції, яку колись займав Шпітц.

Ma François, senza accorgersene, condusse Solleks in prima linea.
Але Франсуа, не помічаючи цього, повів Соллекса вперед.
Secondo François, Solleks era ora il miglior cane da corsa.
На думку Франсуа, Соллекс тепер був найкращим собакою-поводирем.
Buck si scagliò furioso contro Solleks e lo respinse indietro in segno di protesta.
Бак розлючено кинувся на Соллекса та відштовхнув його назад на знак протесту.
Si fermò dove un tempo si era fermato Spitz, rivendicando la posizione di comando.
Він стояв там, де колись стояв Шпіц, претендуючи на лідируючу позицію.
"Eh? Eh?" esclamò François, dandosi una pacca sulle cosce divertito.
«Е? Еге?» — вигукнув Франсуа, весело ляскаючи себе по стегнах.
"Guarda Buck: ha ucciso Spitz, ora vuole prendersi il posto!"
«Подивись на Бака — він убив Шпіца, а тепер хоче зайняти цю роботу!»
"Vattene via, Chook!" urlò, cercando di scacciare Buck.
«Іди геть, Чуку!» — крикнув він, намагаючись прогнати Бака.
Ma Buck si rifiutò di muoversi e rimase immobile nella neve.
Але Бак відмовився рухатися і твердо стояв на снігу.
François afferrò Buck per la collottola e lo trascinò da parte.
Франсуа схопив Бака за шкірку й відтягнув його вбік.
Buck ringhiò basso e minaccioso, ma non attaccò.
Бак тихо та загрозливо гаркнув, але не атакував.
François rimette Solleks in testa, cercando di risolvere la disputa
Франсуа вивів Соллекса вперед, намагаючись врегулювати суперечку.
Il vecchio cane mostrò paura di Buck e non voleva restare.

Старий собака виявляв страх перед Баком і не хотів залишатися.

Quando François gli voltò le spalle, Buck scacciò di nuovo Solleks.

Коли Франсуа повернувся спиною, Бак знову вигнав Соллекса.

Solleks non oppose resistenza e si fece di nuovo da parte in silenzio.

Соллекс не чинив опору і знову тихо відійшов убік.

François si arrabbiò e urlò: "Per Dio, ti sistemo!"

Франсуа розсердився і закричав: «Боже мій, я тебе вилечу!»

Si avvicinò a Buck tenendo in mano una pesante mazza.

Він підійшов до Бака, тримаючи в руці важку палицю.

Buck ricordava bene l'uomo con il maglione rosso.

Бак добре пам'ятав чоловіка в червоному светрі.

Si ritirò lentamente, osservando François ma ringhiando profondamente.

Він повільно відступив, спостерігаючи за Франсуа, але глибоко гарчачи.

Non si affrettò a tornare indietro, nemmeno quando Solleks si mise al suo posto.

Він не поспішив назад, навіть коли Соллекс став на його місці.

Buck si girò in cerchio, appena fuori dalla sua portata, ringhiando furioso e protestando.

Бак кружляв трохи поза межами досяжності, гарчачи від люті та протесту.

Teneva gli occhi fissi sulla mazza, pronto a schivare il colpo se François l'avesse lanciata.

Він не відводив очей від кийка, готовий ухилитися, якщо Франсуа кине.

Era diventato saggio e cauto nei confronti degli uomini che maneggiavano le armi.

Він став мудрішим і обережнішим у поводженні з людьми зі зброєю.

François si arrese e chiamò di nuovo Buck al suo vecchio posto.

Франсуа здався і знову покликав Бака на своє попереднє місце.

Ma Buck fece un passo indietro con cautela, rifiutandosi di obbedire all'ordine.

Але Бак обережно відступив, відмовляючись виконувати наказ.

François lo seguì, ma Buck indietreggiò solo di pochi passi.

Франсуа пішов за ним, але Бак відступив лише на кілька кроків.

Dopo un po' François gettò a terra l'arma, frustrato.

Через деякий час Франсуа у розпачі кинув зброю.

Pensava che Buck avesse paura di essere picchiato e che avrebbe fatto lo stesso senza far rumore.

Він думав, що Бак боїться побиття і збирається прийти тихенько.

Ma Buck non stava evitando la punizione: stava lottando per ottenere un rango.

Але Бак не уникав покарання — він боровся за звання.

Si era guadagnato il posto di capobranco combattendo fino alla morte

Він заслужив місце собаки-поводиря битвою до смерті

non si sarebbe accontentato di niente di meno che di essere il leader.

він не збирався погоджуватися на менше, ніж бути лідером.

Perrault si unì all'inseguimento per aiutare a catturare il ribelle Buck.

Перро долучився до погоні, щоб допомогти спіймати непокірного Бака.

Insieme lo portarono in giro per l'accampamento per quasi un'ora.

Разом вони майже годину ганяли його по табору.

Gli scagliarono contro dei bastoni, ma Buck li schivò abilmente uno per uno.

Вони кидали в нього кийки, але Бак вміло ухилявся від кожної.

Maledissero lui, i suoi antenati, i suoi discendenti e ogni suo capello.

Вони прокляли його, його предків, його нащадків і кожну волосину на ньому.

Ma Buck si limitò a ringhiare e a restare appena fuori dalla loro portata.

Але Бак лише гаркнув у відповідь і тримався поза їхньою досяжністю.

Non cercò mai di scappare, ma continuò a girare intorno all'accampamento deliberatamente.

Він ніколи не намагався втекти, а навмисно обходив табір.

Disse chiaramente che avrebbe obbedito una volta ottenuto ciò che voleva.

Він чітко дав зрозуміти, що підкориться, як тільки вони дадуть йому те, що він хоче.

Alla fine François si sedette e si grattò la testa, frustrato.

Франсуа нарешті сів і роздратовано почухав голову.

Perrault controllò l'orologio, imprecò e borbottò qualcosa sul tempo perso.

Перро глянув на годинник, вилаявся і пробурмотів щось про втрачений час.

Era già trascorsa un'ora, mentre avrebbero dovuto essere sulle tracce.

Вже минула година з того часу, як вони мали бути на стежці.

François alzò le spalle timidamente, guardando il corriere, che sospirò sconfitto.

Франсуа сором'язливо знизав плечима, дивлячись на кур'єра, який зітхнув з поразкою.

Poi François si avvicinò a Solleks e chiamò ancora una volta Buck.

Потім Франсуа підійшов до Соллекса і ще раз гукнув Бака.

Buck rise come ride un cane, ma mantenne una cauta distanza.

Бак реготав, як собака, але тримався на обережній дистанції.

François tolse l'imbracatura a Solleks e lo rimise al suo posto.

Франсуа зняв із Соллекса шлейку та повернув його на місце.

La squadra di slittini era completamente imbracata, con un solo posto libero.

Санна була повністю запряжена, залишаючи лише одне вільне місце.

La posizione di comando rimase vuota, chiaramente riservata solo a Buck.

Лідерська позиція залишалася порожньою, явно призначеною лише для Бака.

François chiamò di nuovo e di nuovo Buck rise e mantenne la sua posizione.

Франсуа знову гукнув, і Бак знову засміявся та встояв на своєму.

«Gettate giù la mazza», ordinò Perrault senza esitazione.

«Кинь кийок», — без вагань наказав Перро.

François obbedì e Buck si lanciò subito avanti con orgoglio.

Франсуа послухався, і Бак одразу ж гордо попрямував уперед.

Rise trionfante e assunse la posizione di comando.

Він переможно засміявся і зайняв лідируючу позицію.

François fissò le corde e la slitta si staccò.

Франсуа закріпив свої сліди, і сани відірвались.

Entrambi gli uomini corsero fianco a fianco mentre la squadra si lanciava lungo il sentiero del fiume.

Обидва чоловіки бігли поруч, коли команда мчала стежкою вздовж річки.

François aveva avuto una grande stima dei "due diavoli" di Buck,

Франсуа мав високу думку про «двох дияволів» Бака

ma ben presto si rese conto di aver in realtà sottovalutato il cane.

але невдовзі він зрозумів, що насправді недооцінив собаку.

Buck assunse rapidamente la leadership e si comportò in modo eccellente.
Бак швидко взяв на себе лідерство та показав відмінні результати.
Buck superò Spitz per capacità di giudizio, rapidità di pensiero e rapidità di azione.
У кмітливості, швидкому мисленні та швидких діях Бак перевершив Шпітца.
François non aveva mai visto un cane pari a quello che Buck mostrava ora.
Франсуа ніколи не бачив собаки, подібного до того, якого зараз демонстрував Бак.
Ma Buck eccelleva davvero nel far rispettare l'ordine e nel imporre rispetto.
Але Бак справді досяг успіху в забезпеченні порядку та викликанні поваги.
Dave e Solleks accettarono il cambiamento senza preoccupazioni o proteste.
Дейв і Соллекс прийняли зміну без занепокоєння чи протестів.
Si concentravano solo sul lavoro e tiravano forte le redini.
Вони зосередилися лише на роботі та наполегливо тримали віжки.
A loro importava poco chi guidasse, purché la slitta continuasse a muoversi.
Їм було байдуже, хто веде, головне, щоб сани рухалися.
Billee, quella allegra, avrebbe potuto comandare per quel che volevano.
Біллі, життєрадісна, могла б повести за собою як завгодно.
Ciò che contava per loro era la pace e l'ordine tra i ranghi.
Для них головним був мир і порядок у лавах.

Il resto della squadra era diventato indisciplinato durante il declino di Spitz.
Решта команди стала неслухняною під час занепаду Шпіца.

Rimasero sciocсati quando Buck li riportò immediatamente all'ordine.
Вони були шоковані, коли Бак одразу ж навів їх до ладу.

Pike era sempre stato pigro e aveva sempre tergiversato dietro a Buck.
Пайк завжди був лінивим і тягнувся за Баком.

Ma ora è stato severamente disciplinato dalla nuova leadership.
Але тепер нове керівництво суворо його дисциплінувало.

E imparò rapidamente a dare il suo contributo alla squadra.
І він швидко навчився брати на себе відповідальність у команді.

Alla fine della giornata, Pike lavorò più duramente che mai.
До кінця дня Пайк працював старанніше, ніж будь-коли раніше.

Quella notte all'accampamento, Joe, il cane scontroso, fu finalmente domato.
Тієї ночі в таборі Джо, кислий пес, нарешті був приборканий.

Spitz non era riuscito a disciplinarlo, ma Buck non aveva fallito.
Шпіц не зміг його покарати, але Бак не підвів.

Sfruttando il suo peso maggiore, Buck sopraffece Joe in pochi secondi.
Використовуючи свою більшу вагу, Бак за лічені секунди здолав Джо.

Morse e picchiò Joe finché questi non si mise a piagnucolare e smise di opporre resistenza.
Він кусав і бив Джо, доки той не заскиглив і не перестав чинити опір.

Da quel momento in poi l'intera squadra migliorò.
З того моменту вся команда покращилася.

I cani ritrovarono la loro antica unità e disciplina.
Собаки повернули собі колишню єдність і дисципліну.

A Rink Rapids si sono uniti al gruppo due nuovi husky autoctoni, Teek e Koona.

У Рінк-Рапідс до нас приєдналися два нових місцевих хаскі, Тік та Куна.

La rapidità con cui Buck li addestramento stupì perfino François.

Швидке навчання Баком вразило навіть Франсуа.

"Non è mai esistito un cane come quel Buck!" esclamò stupito.

«Ніколи не було такого собаки, як цей Бак!» — вигукнув він з подивом.

"No, mai! Vale mille dollari, per Dio!"

«Ні, ніколи! Він же вартий тисячі доларів, їй-богу!»

"Eh? Che ne dici, Perrault?" chiese con orgoglio.

«Га? Що ви скажете, Перро?» — спитав він з гордістю.

Perrault annuì in segno di assenso e controllò i suoi appunti.

Перро кивнув на знак згоди та перевірив свої нотатки.

Siamo già in anticipo sui tempi e guadagniamo sempre di più ogni giorno.

Ми вже випереджаємо графік і з кожним днем набираємо обертів.

Il sentiero era compatto e liscio, senza neve fresca.

Стежка була твердою та гладкою, без свіжого снігу.

Il freddo era costante, con temperature che si aggiravano sempre sui cinquanta gradi sotto zero.

Холод був стабільним, весь час тримаючись на позначці п'ятдесят градусів нижче нуля.

Per scaldarsi e guadagnare tempo, gli uomini si alternavano a cavallo e a correre.

Чоловіки їхали та бігли по черзі, щоб зігрітися та виграти час.

I cani correvano veloci, fermandosi di rado, spingendosi sempre in avanti.

Собаки бігли швидко, майже не зупиняючись, завжди штовхаючись уперед.

Il fiume Thirty Mile era per la maggior parte ghiacciato e facile da attraversare.

Річка Тридцять-Майл була здебільшого замерзла і її було легко перетнути.

In un giorno realizzarono ciò che per arrivare aveva impiegato dieci giorni.
Вони вийшли за один день, на прибуття яких знадобилося десять днів.
Percorsero circa 96 chilometri dal lago Le Barge a White Horse.
Вони здійснили шістдесятимильний ривок від озера Ле-Барж до Білого Коня.
Si muovevano a velocità incredibile attraverso i laghi Marsh, Tagish e Bennett.
Через озера Марш, Тагіш та Беннетт вони рухалися неймовірно швидко.
L'uomo che correva veniva trainato dietro la slitta con una corda.
Бігун тягнув за санками мотузку.
L'ultima notte della seconda settimana giunsero a destinazione.
В останню ніч другого тижня вони дісталися до місця призначення.
Insieme avevano raggiunto la cima del White Pass.
Вони разом досягли вершини Білого перевалу.
Scesero fino al livello del mare, con le luci dello Skaguay sotto di loro.
Вони спустилися до рівня моря, а вогні Скагуея були під ними.
Era stata una corsa da record attraverso chilometri di fredda natura selvaggia.
Це був рекордний пробіг через багатокілометрову холодну пустелю.
Per quattordici giorni di fila percorsero in media circa quaranta miglia.
Протягом чотирнадцяти днів поспіль вони в середньому долали сорок миль.
A Skaguay, Perrault e François trasportavano merci attraverso la città.
У Скагуеї Перро та Франсуа перевозили вантажі через місто.

Furono applauditi e ricevettero numerose bevande dalla folla ammirata.
Захоплені натовпи вітали їх оплесками та пропонували багато напоїв.

I cacciatori di cani e gli operai si sono riuniti attorno alla famosa squadra cinofila.
Щуни-собаки та працівники зібралися навколо відомої собачої упряжки.

Poi i fuorilegge del West giunsero in città e subirono una violenta sconfitta.
Потім до міста прийшли західні злочинці та зазнали жорстокої поразки.

La gente si dimenticò presto della squadra e si concentrò sul nuovo dramma.
Люди швидко забули про команду та зосередилися на новій драмі.

Poi arrivarono i nuovi ordini che cambiarono tutto in un colpo.
Потім з'явилися нові накази, які одразу все змінили.

François chiamò Buck e lo abbracciò con orgoglio e lacrime.
Франсуа покликав Бака до себе та обійняв його зі сльозами на очах.

Quel momento fu l'ultima volta che Buck vide di nuovo François.
Того моменту Бак востаннє бачив Франсуа.

Come molti altri uomini prima di lui, sia François che Perrault se n'erano andati.
Як і багато чоловіків до цього, і Франсуа, і Перро вже не було в живих.

Un meticcio scozzese si prese cura di Buck e dei suoi compagni di squadra con i cani da slitta.
Шотландський метис взяв на себе відповідальність за Бака та його товаришів по команді їздових собак.

Con una dozzina di altre mute di cani, ritornarono lungo il sentiero fino a Dawson.
З десятком інших собачих упряжок вони повернулися стежкою до Доусона.

Non si trattava più di una corsa veloce, ma solo di un duro lavoro con un carico pesante ogni giorno.

Це вже не був швидкий біг — лише важка праця з важким вантажем щодня.

Si trattava del treno postale che portava notizie ai cercatori d'oro vicino al Polo.

Це був поштовий поїзд, який віз звістки мисливцям за золотом поблизу полюса.

Buck non amava il lavoro, ma lo sopportò bene, essendo orgoglioso del suo impegno.

Баку не подобалася ця робота, але він добре її зносив, пишаючись своїми зусиллями.

Come Dave e Solleks, Buck dimostrava dedizione in ogni compito quotidiano.

Як і Дейв і Соллекс, Бак виявляв відданість кожному щоденному завданню.

Si è assicurato che tutti i suoi compagni di squadra dessero il massimo.

Він подбав про те, щоб кожен з його товаришів по команді зробив свою справу.

La vita sui sentieri divenne noiosa e si ripeteva con la precisione di una macchina.

Життя на стежці стало нудним, повторюваним з точністю машини.

Ogni giorno era uguale, una mattina si fondeva con quella successiva.

Кожен день був однаковим, один ранок зливався з наступним.

Alla stessa ora, i cuochi si alzarono per accendere il fuoco e preparare il cibo.

Тієї ж години кухарі встали, щоб розпалити багаття та приготувати їжу.

Dopo colazione alcuni lasciarono l'accampamento mentre altri attaccarono i cani.

Після сніданку дехто покинув табір, а інші запрягли собак.

Raggiunsero il sentiero prima che il pallido segnale dell'alba sfiorasse il cielo.

Вони вийшли на стежку ще до того, як небо торкнулося тьмяних променів світанку.

Di notte si fermavano per accamparsi, e a ogni uomo veniva assegnato un compito.

Вночі вони зупинялися, щоб розбити табір, кожен чоловік мав свій обов'язок.

Alcuni montarono le tende, altri tagliarono la legna da ardere e raccolsero rami di pino.

Дехто розбивав намети, інші рубали дрова та збирали соснове гілля.

Acqua o ghiaccio venivano portati ai cuochi per la cena serale.

На вечерю кухарям несли воду або лід.

I cani vennero nutriti e per loro quello fu il momento migliore della giornata.

Собак нагодували, і це була для них найкраща частина дня.

Dopo aver mangiato il pesce, i cani si rilassarono e oziarono vicino al fuoco.

Після того, як собаки поїли риби, вони розслабилися та відпочили біля вогнища.

Nel convoglio c'erano un centinaio di altri cani con cui socializzare.

У колоні було ще близько сотні собак, з якими можна було спілкуватися.

Molti di quei cani erano feroci e pronti a combattere senza preavviso.

Багато з цих собак були лютими та швидко билися без попередження.

Ma dopo tre vittorie, Buck riuscì a domare anche i combattenti più feroci.

Але після трьох перемог Бак опанував навіть найзапекліших бійців.

Ora, quando Buck ringhiò e mostrò i denti, loro si fecero da parte.

Тепер, коли Бак загарчав і показав зуби, вони відступили вбік.

Forse la cosa più bella di tutte era che a Buck piaceva sdraiarsi vicino al fuoco tremolante.
Мабуть, найбільше Бак любив лежати біля мерехтливого багаття.
Si accovacciò, con le zampe posteriori ripiegate e quelle anteriori distese in avanti.
Він присів, підібгавши задні лапи та витягнувши передні вперед.
Teneva la testa sollevata e sbatteva dolcemente le palpebre verso le fiamme ardenti.
Він підняв голову, ледь помітно кліпаючи очима на сяюче полум'я.
A volte ricordava la grande casa del giudice Miller a Santa Clara.
Іноді він згадував великий будинок судді Міллера в Санта-Кларі.
Pensò alla piscina di cemento, a Ysabel e al carlino di nome Toots.
Він подумав про цементний басейн, про Ізабель та мопса на ім'я Тутс.
Ma più spesso si ricordava del bastone dell'uomo con il maglione rosso.
Але частіше він згадував чоловіка з кийком у червоному светрі.
Ricordava la morte di Curly e la sua feroce battaglia con Spitz.
Він згадав смерть Кучерява та його запеклу битву зі Шпіцем.
Ricordava anche il buon cibo che aveva mangiato o che ancora sognava.
Він також згадував смачну їжу, яку їв або про яку досі мріяв.
Buck non aveva nostalgia di casa: la valle calda era lontana e irreale.
Бак не сумував за домівкою — тепла долина була далекою та нереальною.

I ricordi della California non avevano più alcun fascino su di lui.
Спогади про Каліфорнію більше не мали на нього жодного справжнього впливу.
Più forti della memoria erano gli istinti radicati nella sua stirpe.
Сильнішими за пам'ять були інстинкти, глибоко закладені в його крові.
Le abitudini un tempo perdute erano tornate, ravvivate dal sentiero e dalla natura selvaggia.
Колись втрачені звички повернулися, відроджені стежкою та дикою природою.
Mentre Buck osservava la luce del fuoco, a volte questa diventava qualcos'altro.
Коли Бак спостерігав за світлом вогню, воно часом ставало чимось іншим.
Vide alla luce del fuoco un altro fuoco, più vecchio e più profondo di quello attuale.
У світлі каміна він побачив інше вогнище, старше та глибше за теперішнє.
Accanto all'altro fuoco era accovacciato un uomo che non somigliava per niente al cuoco meticcio.
Біля того іншого вогню причаївся чоловік, несхожий на кухаря-метиса.
Questa figura aveva gambe corte, braccia lunghe e muscoli duri e contratti.
Ця фігура мала короткі ноги, довгі руки та тверді, вузлуваті м'язи.
I suoi capelli erano lunghi e arruffati, e gli scendevano all'indietro a partire dagli occhi.
Його волосся було довге й скуйовджене, воно спадало назад від очей.
Emetteva strani suoni e fissava l'oscurità con paura.
Він видавав дивні звуки та з переляком дивився на темряву.
Teneva bassa una mazza di pietra, stretta saldamente nella sua mano lunga e ruvida.

Він низько тримав кам'яну палицю, міцно затиснуту в довгій шорсткій руці.

L'uomo indossava ben poco: solo una pelle carbonizzata che gli pendeva lungo la schiena.

Чоловік був майже не одягнений; лише обвуглена шкіра, що звисала з його спини.

Il suo corpo era ricoperto da una folta peluria sulle braccia, sul petto e sulle cosce.

Його тіло було вкрите густим волоссям на руках, грудях і стегнах.

Alcune parti del pelo erano aggrovigliate e formavano chiazze di pelo ruvido.

Деякі частини волосся були переплутані в клапті грубого хутра.

Non stava dritto, ma era piegato in avanti dai fianchi alle ginocchia.

Він не стояв прямо, а нахилився вперед від стегон до колін.

I suoi passi erano elastici e felini, come se fosse sempre pronto a scattare.

Його кроки були пружними та котячими, ніби завжди готові стрибнути.

C'era una forte allerta, come se vivesse nella paura costante.

Була якась різка пильність, ніби він жив у постійному страху.

Quest'uomo anziano sembrava aspettarsi il pericolo, indipendentemente dal fatto che questo venisse visto o meno.

Здавалося, що цей стародавній чоловік очікував небезпеки, незалежно від того, чи бачила вона небезпеку, чи ні.

A volte l'uomo peloso dormiva accanto al fuoco, con la testa tra le gambe.

Часом волохатий чоловік спав біля вогню, засунувши голову між ніг.

Teneva i gomiti sulle ginocchia e le mani giunte sopra la testa.

Його лікті лежали на колінах, руки були схрещені над головою.

Come un cane, usava le sue braccia pelose per proteggersi dalla pioggia che cadeva.
Як собака, він використовував свої волохаті руки, щоб скидати з себе дощ, що падав.
Oltre la luce del fuoco, Buck vide due carboni ardenti che ardevano nell'oscurità.
За світлом вогню Бак побачив, як у темряві сяють два вугілля.
Sempre a due a due, erano gli occhi delle bestie da preda.
Завжди по двоє, вони були очима хижих звірів, що переслідували їх.
Sentì corpi che si infrangevano tra i cespugli e rumori provenienti dalla notte.
Він чув, як тіла провалюються крізь кущі, та звуки, що доносилися вночі.
Sdraiato sulla riva dello Yukon, sbattendo le palpebre, Buck sognò accanto al fuoco.
Лежачи на березі Юкону, кліпаючи очима, Бак мріяв біля вогнища.
Le immagini e i suoni di quel mondo selvaggio gli fecero rizzare i capelli.
Від видовища та звуків цього дикого світу його волосся стало дибки.
La pelliccia gli si drizzò lungo la schiena, sulle spalle e sul collo.
Хутро стало дибки по його спині, плечах і шиї.
Gemeva piano o emetteva un ringhio basso dal profondo del petto.
Він тихо скиглив або глибоко в грудях тихо гарчав.
Allora il cuoco meticcio urlò: "Ehi, Buck, svegliati!"
Тоді кухар-метис крикнув: «Гей, Баку, прокидайся!»
Il mondo dei sogni svanì e la vera vita tornò agli occhi di Buck.
Світ мрій зник, і реальне життя повернулося в очі Бака.
Si sarebbe alzato, si sarebbe stiracchiato e avrebbe sbadigliato, come se si fosse svegliato da un pisolino.

Він збирався встати, потягнутися та позіхнути, ніби прокинувся від дрімоти.

Il viaggio era duro, con la slitta postale che li trascinava dietro.

Подорож була важкою, поштові сани тягнулися за ними.

Carichi pesanti e lavoro duro sfinivano i cani ogni lunga giornata.

Важкі вантажі та важка робота виснажували собак кожного довгого дня.

Arrivarono a Dawson magro, stanco e con bisogno di più di una settimana di riposo.

Вони дісталися до Доусона виснаженими, втомленими та потребуючи відпочинку понад тиждень.

Ma solo due giorni dopo ripartirono per lo Yukon.

Але лише через два дні вони знову вирушили вниз по Юкону.

Erano carichi di altre lettere dirette al mondo esterno.

Вони були навантажені ще більшою кількістю листів, що прямували до зовнішнього світу.

I cani erano esausti e gli uomini si lamentavano in continuazione.

Собаки були виснажені, а чоловіки постійно скаржилися.

Ogni giorno cadeva la neve, ammorbidendo il sentiero e rallentando le slitte.

Сніг падав щодня, розм'якшуючи стежку та уповільнюючи рух санок.

Ciò rendeva la trazione più dura e aumentava la resistenza delle guide.

Це призвело до важчого тягнення та більшого опору бігунам.

Nonostante ciò, i piloti si sono dimostrati leali e hanno avuto cura delle loro squadre.

Незважаючи на це, водії були справедливими та піклувалися про свої команди.

Ogni notte, i cani venivano nutriti prima che gli uomini mangiassero.

Щовечора собак годували, перш ніж чоловіки могли їсти.

Nessun uomo dormiva prima di controllare le zampe del proprio cane.
Жоден чоловік не спав, не перевіривши ноги власного собаки.

Tuttavia, i cani diventavano sempre più deboli man mano che i chilometri consumavano i loro corpi.
Однак, собаки слабшали, оскільки кілометри зношували їхні тіла.

Avevano viaggiato per milleottocento miglia durante l'inverno.
За зиму вони подолали вісімсот миль.

Percorrevano ogni miglio di quella distanza brutale trainando le slitte.
Вони тягнули сани кожну милю цієї жорстокої відстані.

Anche i cani da slitta più resistenti provano tensione dopo tanti chilometri.
Навіть найвитриваліші їздові собаки відчувають напругу після стількох миль.

Buck tenne duro, fece sì che la sua squadra lavorasse e mantenne la disciplina.
Бак тримався, підтримував роботу своєї команди та дисципліну.

Ma Buck era stanco, proprio come gli altri durante il lungo viaggio.
Але Бак був втомлений, як і інші під час довгої подорожі.

Billee piagnucolava e piangeva nel sonno ogni notte, senza sosta.
Біллі щоночі без перерви скиглив і плакав уві сні.

Joe diventò ancora più amareggiato e Solleks rimase freddo e distante.
Джо ще більше озлобився, а Соллекс залишався холодним і відстороненим.

Ma è stato Dave a soffrire di più di tutta la squadra.
Але саме Дейв постраждав найбільше з усієї команди.

Qualcosa dentro di lui era andato storto, anche se nessuno sapeva cosa.
Щось у ньому пішло не так, хоча ніхто не знав що саме.

Divenne più lunatico e aggredì gli altri con rabbia crescente.
Він ставав похмурішим і з дедалі більшим гнівом огризався на інших.

Ogni notte andava dritto al suo nido, in attesa di essere nutrito.
Щоночі він ішов прямо до свого гнізда, чекаючи, поки його нагодують.

Una volta a terra, Dave non si alzò più fino al mattino.
Як тільки він спустився, Дейв не вставав до ранку.

Sulle redini, gli improvvisi strattoni o sussulti lo facevano gridare di dolore.
Різкі ривки чи здригання на віжах змушували його кричати від болю.

L'autista ha cercato di capirne la causa, ma non ha trovato ferite.
Його водій з'ясував причину, але не виявив у нього жодних травм.

Tutti gli autisti cominciarono a osservare Dave e a discutere del suo caso.
Усі водії почали спостерігати за Дейвом та обговорювати його справу.

Parlarono durante i pasti e durante l'ultima sigaretta della giornata.
Вони розмовляли за їжею та під час останньої сигарети за день.

Una notte tennero una riunione e portarono Dave al fuoco.
Одного вечора вони провели зустріч і привели Дейва до багаття.

Gli premevano e palpavano il corpo e lui gridava spesso.
Вони тиснули та торкалися його тіла, і він часто кричав.

Era evidente che qualcosa non andava, anche se non sembrava esserci nessuna frattura.
Очевидно, щось було не так, хоча, здавалося, жодної кістки не було зламано.

Quando arrivarono al Cassiar Bar, Dave stava cadendo.
Коли вони дісталися до бару «Кассіар», Дейв уже падав.

Il meticcio scozzese impose uno stop e rimosse Dave dalla squadra.
Шотландський метис оголосив зупинку та виключив Дейва з команди.

Fissò Solleks al posto di Dave, il più vicino possibile alla parte anteriore della slitta.
Він прикріпив Соллекс на місці Дейва, найближче до передньої частини саней.

Voleva lasciare che Dave riposasse e corresse libero dietro la slitta in movimento.
Він мав намір дати Дейву відпочити та вільно бігати за санками, що рухалися.

Ma nonostante la malattia, Dave odiava che gli venisse tolto il lavoro che aveva ricoperto.
Але навіть хворий, Дейв ненавидів, коли його забирали з роботи, яку він мав.

Ringhiò e piagnucolò quando gli strapparono le redini dal corpo.
Він загарчав і заскиглив, коли з його тіла зняли віжки.

Quando vide Solleks al suo posto, pianse disperato.
Коли він побачив Соллекса на своєму місці, то заплакав від розбитого серця болю.

L'orgoglio per il lavoro sui sentieri era profondo in Dave, anche quando la morte si avvicinava.
Гордість за роботу на стежках глибоко відчувалася в Дейві, навіть коли наближалася смерть.

Mentre la slitta si muoveva, Dave arrancava nella neve soffice vicino al sentiero.
Коли сани рухалися, Дейв торкався м'якого снігу біля стежки.

Attaccò Solleks, mordendolo e spingendolo giù dal lato della slitta.
Він напав на Соллекса, кусаючи та штовхаючи його з боку саней.

Dave cercò di saltare nell'imbracatura e di riprendersi il suo posto di lavoro.

Дейв спробував застрибнути в ремінь безпеки та повернути собі робоче місце.

Lui guaiva, si lamentava e piangeva, diviso tra il dolore e l'orgoglio del parto.

Він верещав, скиглив і плакав, розриваючись між болем і гордістю за працю.

Il meticcio usò la frusta per cercare di allontanare Dave dalla squadra.

Метис спробував своїм батогом відігнати Дейва від команди.

Ma Dave ignorò la frustata e l'uomo non riuscì a colpirlo più forte.

Але Дейв проігнорував удар батогом, і чоловік не зміг вдарити його сильніше.

Dave rifiutò il sentiero più facile dietro la slitta, dove la neve era compatta.

Дейв відмовився від легшого шляху за санками, де був утрамбований сніг.

Invece, si ritrovò a lottare nella neve profonda, ai lati del sentiero, in preda alla miseria.

Натомість він мучився у глибокому снігу біля стежки, страждаючи.

Alla fine Dave crollò, giacendo sulla neve e urlando di dolore.

Зрештою, Дейв знепритомнів, лежачи на снігу та виючи від болю.

Lanciò un grido mentre la lunga fila di slitte gli passava accanto una dopo l'altra.

Він скрикнув, коли довгий шлейф саней одна за одною проїжджав повз нього.

Tuttavia, con le poche forze che gli rimanevano, si alzò e barcollò dietro di loro.

І все ж, з останніми силами, він підвівся і, спотикаючись, пішов за ними.

Quando il treno si fermò di nuovo, lo raggiunse e trovò la sua vecchia slitta.

Він наздогнав, коли поїзд знову зупинився, і знайшов свої старі сани.
Superò con difficoltà le altre squadre e tornò a posizionarsi accanto a Solleks.
Він пройшов повз інші команди та знову став поруч із Соллексом.
Mentre l'autista si fermava per accendere la pipa, Dave colse l'ultima occasione.
Коли водій зупинився, щоб закурити люльку, Дейв скористався останньою нагодою.
Quando l'autista tornò e urlò, la squadra non avanzò.
Коли водій повернувся та крикнув, команда не рушила вперед.
I cani avevano girato la testa, confusi dall'improvviso arresto.
Собаки повернули голови, збентежені раптовою зупинкою.
Anche il conducente era sciocato: la slitta non si era mossa di un centimetro in avanti.
Візник теж був шокований — сани не просунулися вперед ні на дюйм.
Chiamò gli altri perché venissero a vedere cosa era successo.
Він покликав інших, щоб ті підійшли та подивилися, що сталося.
Dave aveva masticato le redini di Solleks, spezzandole entrambe.
Дейв перегриз віжки Соллекса, розламавши обидві навпіл.
Ora era di nuovo in piedi davanti alla slitta, nella sua giusta posizione.
Тепер він стояв перед санками, знову на своєму законному місці.
Dave alzò lo sguardo verso l'autista, implorandolo silenziosamente di restare al passo.
Дейв подивився на водія, мовчки благаючи його не збитися з колії.
L'autista era perplesso e non sapeva cosa fare per il cane in difficoltà.

Водій був спантеличений, не знаючи, що робити з собакою, яка боролася.

Gli altri uomini parlavano di cani morti perché li avevano portati fuori.

Інші чоловіки говорили про собак, яких вивели на вулицю.

Raccontavano di cani vecchi o feriti il cui cuore si era spezzato quando erano stati abbandonati.

Вони розповідали про старих або поранених собак, чиї серця розривалися, коли їх залишали без діла.

Concordarono che era un atto di misericordia lasciare che Dave morisse mentre era ancora imbrigliato.

Вони погодилися, що це милосердя — дозволити Дейву померти, поки він ще був у своїй упряжі.

Fu rimesso in sicurezza sulla slitta e Dave tirò con orgoglio.

Його знову прив'язали до саней, і Дейв гордо тягнув.

Anche se a volte gridava, lavorava come se il dolore potesse essere ignorato.

Хоча він часом і кричав, він працював так, ніби біль можна було ігнорувати.

Più di una volta cadde e fu trascinato prima di rialzarsi.

Не раз він падав і його тягли, перш ніж знову піднятися.

A un certo punto la slitta gli rotolò addosso e da quel momento in poi zoppicò.

Одного разу сани перекинулися через нього, і з того моменту він шкутильгав.

Nonostante ciò, lavorò finché non raggiunse l'accampamento e poi si sdraiò accanto al fuoco.

Однак він працював, доки не дістався табору, а потім ліг біля багаття.

Al mattino Dave era troppo debole per muoversi o anche solo per stare in piedi.

До ранку Дейв був надто слабкий, щоб їхати чи навіть стояти прямо.

Al momento di allacciare l'imbracatura, cercò di raggiungere il suo autista con sforzi tremanti.

Коли час був застібатися, він тремтячим зусиллям спробував дотягнутися до свого візника.

Si sforzò di rialzarsi, barcollò e crollò sul terreno innevato.
Він з силою підвівся, захитався і впав на засніжену землю.
Utilizzando le zampe anteriori, trascinò il suo corpo verso la zona dell'imbracatura.
Використовуючи передні лапи, він потягнув своє тіло до місця для кріплення.
Si fece avanti, centimetro dopo centimetro, verso i cani da lavoro.
Він посувався вперед, дюйм за дюймом, до робочих собак.
Le forze gli cedettero, ma continuò a muoversi nel suo ultimo disperato tentativo.
Його сили покинули, але він продовжував рухатися у своєму останньому відчайдушному поштовху.
I suoi compagni di squadra lo videro ansimare nella neve, ancora desideroso di unirsi a loro.
Його товариші по команді бачили, як він задихався на снігу, все ще прагнучи приєднатися до них.
Lo sentirono urlare di dolore mentre si lasciavano alle spalle l'accampamento.
Вони чули, як він горько виє, коли залишали табір.
Mentre la squadra svaniva tra gli alberi, il grido di Dave risuonava dietro di loro.
Коли команда зникла за деревами, крик Дейва луною пролунав позаду них.
Il treno delle slitte si fermò brevemente dopo aver attraversato un tratto di fiume ricco di boschi.
Санний поїзд ненадовго зупинився після перетину ділянки річкового лісу.
Il meticcio scozzese tornò lentamente verso l'accampamento alle sue spalle.
Шотландський метис повільно повертався до табору позаду.
Gli uomini smisero di parlare quando lo videro scendere dal treno delle slitte.
Чоловіки замовкли, побачивши, як він виходить із саней.
Poi un singolo colpo di pistola risuonò chiaro e netto attraverso il sentiero.

Потім чітко та різко пролунав один постріл по стежці.
L'uomo tornò rapidamente e prese il suo posto senza dire una parola.
Чоловік швидко повернувся і без жодного слова зайняв своє місце.
Le fruste schioccavano, i campanelli tintinnavano e le slitte avanzavano sulla neve.
Клацнули батоги, задзвеніли дзвіночки, а сани покотилися по снігу.
Ma Buck sapeva cosa era successo, come tutti gli altri cani.
Але Бак знав, що сталося, — як і всі інші собаки.

La fatica delle redini e del sentiero
Праця віжок і стежки

Trenta giorni dopo aver lasciato Dawson, la Salt Water Mail raggiunse Skaguay.
Через тридцять днів після відпливу з Доусона пошта «Солоної води» прибула до Скагуея.
Buck e i suoi compagni di squadra presero il comando e arrivarono in condizioni pietose.
Бак та його товариші по команді вийшли вперед, прибувши на трасу в жалюгідному стані.
Buck era sceso da 140 a 150 chili.
Бак схуд зі ста сорока до ста п'ятнадцяти фунтів.
Gli altri cani, sebbene più piccoli, avevano perso ancora più peso corporeo.
Інші собаки, хоча й менші, втратили ще більше ваги тіла.
Pike, che una volta zoppicava fingendo, ora trascinava dietro di sé una gamba veramente ferita.
Пайк, колись удаваний кульгавець, тепер тягнув за собою справді травмовану ногу.
Solleks zoppicava gravemente e Dub aveva una scapola slogata.
Соллекс сильно кульгав, а в Дуба було вивихнуто лопатку.
Tutti i cani del team avevano i piedi doloranti a causa delle settimane trascorse sul sentiero ghiacciato.
У кожного собаки в упряжці ноги боліли від тижнів, проведених на замерзлій стежці.
Non avevano più slancio nei loro passi, solo un movimento lento e trascinato.
У їхніх кроках не залишилося жодної пружності, лише повільний, тягнучий рух.
I loro piedi colpivano il sentiero con forza e ogni passo aggiungeva ulteriore sforzo al loro corpo.
Їхні ноги важко вдарялися об стежку, кожен крок додавав більше навантаження на їхні тіла.
Non erano malati, erano solo stremati oltre ogni possibile guarigione naturale.

Вони не були хворі, лише виснажені до межі будь-якого природного одужання.

Non si trattava della stanchezza di una giornata faticosa, curata con una notte di riposo.

Це не була втома від одного важкого дня, яку можна було вилікувати нічним відпочинком.

Era una stanchezza accumulata lentamente attraverso mesi di sforzi estenuanti.

Це було виснаження, що повільно наростало місяцями виснажливих зусиль.

Non era rimasta alcuna riserva di forze: avevano esaurito ogni energia a loro disposizione.

Резервних сил не залишилося — вони використали все, що мали.

Ogni muscolo, fibra e cellula del loro corpo era consumato e usurato.

Кожен м'яз, волокно та клітина в їхніх тілах були виснажені та зношені.

E c'era un motivo: avevano percorso duemilacinquecento miglia.

І на те була причина — вони подолали дві з половиною тисячі миль.

Si erano riposati solo cinque giorni durante le ultime milleottocento miglia.

Вони відпочивали лише п'ять днів протягом останніх вісімнадцятисот миль.

Quando giunsero a Skaguay, sembrava che riuscissero a malapena a stare in piedi.

Коли вони дісталися до Скагуея, то виглядали так, ніби ледве могли триматися на ногах.

Facevano fatica a tenere le redini strette e a restare davanti alla slitta.

Їм було важко тримати віжки міцно та залишатися попереду саней.

Nei pendii in discesa riuscivano solo a evitare di essere investiti.

На схилах вниз їм лише вдавалося уникнути наїзду.

"Continuate a marciare, poveri piedi doloranti", disse l'autista mentre zoppicavano.

«Вперед, бідні хворі ніжки», — сказав водій, коли вони шкутильгали.

"Questo è l'ultimo tratto, poi ci prenderemo tutti un lungo riposo, di sicuro."

«Це останній відрізок, а потім ми всі точно зробимо один довгий відпочинок».

"Un riposo davvero lungo", promise, guardandoli barcollare in avanti.

«Один справді довгий відпочинок», — пообіцяв він, спостерігаючи, як вони хитаються вперед.

Gli autisti si aspettavano una lunga e necessaria pausa.

Водії очікували, що тепер у них буде довга та необхідна перерва.

Avevano percorso milleduecento miglia con solo due giorni di riposo.

Вони подолали тисячу двісті миль, маючи лише два дні відпочинку.

Per correttezza e ragione, ritenevano di essersi guadagnati un po' di tempo per rilassarsi.

Справедливості заради та розуму, вони вважали, що заслужили час на відпочинок.

Ma troppi erano giunti nel Klondike e troppo pochi erano rimasti a casa.

Але забагато людей прибуло до Клондайку, і замало тих, хто залишився вдома.

Le lettere delle famiglie continuavano ad arrivare, creando pile di posta in ritardo.

Листи від родин посипалися потоком, утворюючи купи затриманої пошти.

Arrivarono gli ordini ufficiali: i nuovi cani della Hudson Bay avrebbero preso il sopravvento.

Надійшов офіційний наказ — нові собаки з Гудзонової затоки мали зайняти місце.

I cani esausti, ormai considerati inutili, dovevano essere eliminati.

Виснажених собак, яких тепер вважали нікчемними, мали позбутися.

Poiché i soldi erano più importanti dei cani, venivano venduti a basso prezzo.

Оскільки гроші мали більше значення, ніж собак, їх збиралися продавати дешево.

Passarono altri tre giorni prima che i cani si accorgessero di quanto fossero deboli.

Минуло ще три дні, перш ніж собаки відчули, наскільки вони слабкі.

La quarta mattina, due uomini provenienti dagli Stati Uniti acquistarono l'intera squadra.

На четвертий ранок двоє чоловіків зі Штатів купили всю команду.

La vendita comprendeva tutti i cani e le loro imbracature usate.

У продаж входили всі собаки, а також їхня зношена шлейка.

Mentre concludevano l'affare, gli uomini si chiamavano tra loro "Hal" e "Charles".

Завершуючи угоду, чоловіки називали один одного «Гал» і «Чарльз».

Charles era un uomo di mezza età, pallido, con labbra molli e folti baffi.

Чарльз був середнього віку, блідий, з млявими губами та різкими кінчиками вусів.

Hal era un giovane, forse diciannove anni, che indossava una cintura imbottita di cartucce.

Гел був молодим чоловіком, можливо, дев'ятнадцяти років, на поясі з патронами.

Nella cintura erano contenuti un grosso revolver e un coltello da caccia, entrambi inutilizzati.

На поясі лежали великий револьвер і мисливський ніж, обидва невикористані.

Dimostrava quanto fosse inesperto e inadatto alla vita nel Nord.

Це показувало, наскільки він був недосвідчений і непридатний для північного життя.

Nessuno dei due uomini viveva in natura; la loro presenza sfidava ogni ragionevolezza.

Жоден з них не мав права жити в дикій природі; їхня присутність кидала виклик будь-якому розумному глузду.

Buck osservava lo scambio di denaro tra l'acquirente e l'agente.

Бак спостерігав, як покупець та агент обмінювалися грошима.

Sapeva che i conducenti dei treni postali stavano abbandonando la sua vita come tutti gli altri.

Він знав, що машиністи поштових поїздів залишають його життя, як і всі інші.

Seguirono Perrault e François, ormai scomparsi.

Вони йшли за Перро та Франсуа, яких уже не було в пам'яті.

Buck e la squadra vennero condotti al disordinato accampamento dei loro nuovi proprietari.

Бака та команду відвели до неохайного табору їхніх нових власників.

La tenda cedeva, i piatti erano sporchi e tutto era in disordine.

Намет прогинався, посуд був брудний, і все лежало в безладді.

Anche Buck notò una donna lì: Mercedes, moglie di Charles e sorella di Hal.

Бак помітив там і жінку — Мерседес, дружину Чарльза та сестру Гела.

Formavano una famiglia completa, anche se erano tutt'altro che adatti al sentiero.

Вони були повноцінною родиною, хоча й далеко не підходили для цієї стежки.

Buck osservava nervosamente mentre il trio iniziava a impacchettare le provviste.

Бак нервово спостерігав, як трійця почала пакувати припаси.

Lavoravano duro ma senza ordine, solo confusione e sforzi sprecati.
Вони наполегливо працювали, але без порядку — лише метушня та марні зусилля.
La tenda era arrotolata fino a formare una sagoma ingombrante, decisamente troppo grande per la slitta.
Намет згорнувся у громіздку форму, занадто великий для саней.
I piatti sporchi venivano imballati senza essere stati né lavati né asciugati.
Брудний посуд був упакований, зовсім не помитий і не висушений.
Mercedes svolazzava in giro, parlando, correggendo e intromettendosi in continuazione.
Мерседес пурхала навколо, безперервно розмовляючи, виправляючи та втручаючись.
Quando le misero un sacco davanti, lei insistette perché lo mettesse dietro.
Коли мішок поклали спереду, вона наполягла, щоб його поклали ззаду.
Mise il sacco in fondo e un attimo dopo ne ebbe bisogno.
Вона сховала мішок на дно, і наступної миті він їй знадобився.
Quindi la slitta venne disimballata di nuovo per raggiungere quella specifica borsa.
Тож сани знову розпакували, щоб дістатися до однієї конкретної сумки.
Lì vicino, tre uomini stavano fuori da una tenda e osservavano la scena che si svolgeva.
Неподалік троє чоловіків стояли біля намету, спостерігаючи за тим, що розгорталося.
Sorrisero, ammiccarono e sogghignarono di fronte all'evidente confusione dei nuovi arrivati.
Вони посміхалися, підморгували та щиро всміхалися, бачачи очевидне збентеження новачків.
"Hai già un carico parecchio pesante", disse uno degli uomini.

«У тебе вже й так досить важкий вантаж», — сказав один із чоловіків.

"Non credo che dovresti portare quella tenda, ma la scelta è tua."

«Я не думаю, що тобі варто нести цей намет, але це твій вибір».

"Impensabile!" esclamò Mercedes, alzando le mani in segno di disperazione.

«Неймовірно!» — вигукнула Мерседес, у відчаї змахнувши руками.

"Come potrei viaggiare senza una tenda sotto cui dormire?"

«Як я взагалі можу подорожувати без намету, під яким можна було б переночувати?»

«È primavera, non vedrai più il freddo», rispose l'uomo.

«Весна — більше ти не побачиш холодів», — відповів чоловік.

Ma lei scosse la testa e loro continuarono ad accumulare oggetti sulla slitta.

Але вона похитала головою, а вони продовжували складати речі на сани.

Il carico era pericolosamente alto mentre aggiungevano gli ultimi oggetti.

Вантаж небезпечно піднімався високо, поки вони додавали останні речі.

"Pensi che la slitta andrà avanti?" chiese uno degli uomini con aria scettica.

«Думаєш, сани поїдуть?» — скептично спитав один із чоловіків.

"E perché non dovrebbe?" ribatté Charles con netto fastidio.

— Чому б і ні? — різко відрізав Чарльз.

"Oh, va bene", disse rapidamente l'uomo, evitando di offendersi.

«О, все гаразд», — швидко сказав чоловік, відступаючи від образи.

"Mi chiedevo solo: mi sembrava un po' troppo pesante nella parte superiore."

«Я просто хотів подумати — мені здалося, що зверху трохи занадто важко».

Charles si voltò e legò il carico meglio che poté.

Чарльз відвернувся і якнайкраще зав'язав вантаж.

Ma le legature erano allentate e l'imballaggio nel complesso era fatto male.

Але кріплення були нещільно закріплені, а пакування загалом погано виконане.

"Certo, i cani tireranno così tutto il giorno", disse sarcasticamente un altro uomo.

«Звичайно, собаки тягнутимуть це цілий день», — саркастично сказав інший чоловік.

«Certamente», rispose Hal freddamente, afferrando il lungo timone della slitta.

«Звичайно», — холодно відповів Гел, схопившись за довгу жердину саней.

Tenendo una mano sul palo, faceva roteare la frusta nell'altra.

Тримаючись однією рукою за жердинку, він розмахував батогом в іншій.

"Andiamo!" urlò. "Muovetevi!", incitando i cani a partire.

«Ходімо!» — крикнув він. «Рухайтеся!» — підштовхуючи собак рушати.

I cani si appoggiarono all'imbracatura e si sforzarono per qualche istante.

Собаки нахилилися до шлейки та напружилися кілька хвилин.

Poi si fermarono, incapaci di spostare di un centimetro la slitta sovraccarica.

Потім вони зупинилися, не в змозі зрушити перевантажені сани ні на дюйм.

"Quei fannulloni!" urlò Hal, alzando la frusta per colpirli.

«Ліниві негідники!» — крикнув Гел, піднімаючи батіг, щоб ударити їх.

Ma Mercedes si precipitò dentro e strappò la frusta dalle mani di Hal.

Але Мерседес кинулася всередину і вихопила батіг з рук Гела.

«Oh, Hal, non osare far loro del male», gridò allarmata.

«О, Геле, не смій їх ображати!» — стривожено вигукнула вона.

"Promettimi che sarai gentile con loro, altrimenti non farò un altro passo."

«Пообіцяй мені, що будеш до них добрим, інакше я не зроблю ні кроку більше».

"Non sai niente di cani", scattò Hal contro la sorella.

«Ти нічого не знаєш про собак», — різко сказав Гел сестрі.

"Sono pigri e l'unico modo per smuoverli è frustarli."

«Вони ліниві, і єдиний спосіб їх зрушити з місця — це відшмагати батогом».

"Chiedi a chiunque, chiedi a uno di quegli uomini laggiù se dubiti di me."

«Запитай будь-кого... запитай одного з тих чоловіків он там, якщо сумніваєшся в мені».

Mercedes guardò gli astanti con occhi imploranti e pieni di lacrime.

Мерседес подивилася на глядачів благальними, сльозливими очима.

Il suo viso rivelava quanto odiasse la vista di qualsiasi dolore.

Її обличчя показувало, як глибоко вона ненавиділа будь-який біль.

"Sono deboli, tutto qui", ha detto un uomo. "Sono sfiniti."

«Вони слабкі, от і все», — сказав один чоловік. «Вони виснажені».

"Hanno bisogno di riposare: hanno lavorato troppo a lungo senza una pausa."

«Їм потрібен відпочинок — вони надто довго працювали без перерви».

«Che il resto sia maledetto», borbottò Hal arricciando il labbro.

«Будь проклятий решта», — пробурмотів Гел, скрививши губи.

Mercedes sussultò, visibilmente addolorata per le parole volgari pronunciate da lui.

Мерседес ахнула, явно засмучена його грубим словом.

Ciononostante, lei rimase leale e difese immediatamente il fratello.

Однак вона залишилася вірною та одразу стала на захист свого брата.

"Non badare a quell'uomo", disse ad Hal. "Sono i nostri cani."

«Не звертай уваги на цього чоловіка», — сказала вона Гелу. «Це наші собаки».

"Li guidi come meglio credi: fai ciò che ritieni giusto."

«Керуйте ними, як вважаєте за потрібне — робіть те, що вважаєте правильним».

Hal sollevò la frusta e colpì di nuovo i cani senza pietà.

Гел підняв батіг і знову безжалісно вдарив собак.

Si lanciarono in avanti, con i corpi bassi e i piedi che affondavano nella neve.

Вони кинулися вперед, низько пригнувшись, ногами впиваючись у сніг.

Tutta la loro forza era concentrata nel traino, ma la slitta non si muoveva.

Вся їхня сила була спрямована на тягу, але сани не рухалися.

La slitta rimase bloccata, come un'ancora congelata nella neve compatta.

Сани застрягли, немов якір, застиглий у утрамбованому снігу.

Dopo un secondo tentativo, i cani si fermarono di nuovo, ansimando forte.

Після другої спроби собаки знову зупинилися, важко задихаючись.

Hal sollevò di nuovo la frusta, proprio mentre Mercedes interferiva di nuovo.

Гел знову підняв батіг, якраз коли Мерседес знову втрутилася.

Si lasciò cadere in ginocchio davanti a Buck e gli abbracciò il collo.

Вона опустилася на коліна перед Баком і обійняла його за шию.

Le lacrime le riempivano gli occhi mentre implorava il cane esausto.

Сльози наповнили її очі, коли вона благала виснаженого собаку.

"Poveri cari", disse, "perché non tirate più forte?"

«Бідолашні ви, любі», — сказала вона, — «чому б вам просто не потягнути сильніше?»

"Se tiri, non verrai frustato così."

«Якщо будеш тягнути, то тебе не будуть так шмагати».

A Buck non piaceva Mercedes, ma ormai era troppo stanco per resisterle.

Бак не любив Мерседес, але зараз він був надто втомлений, щоб чинити їй опір.

Lui accettò le sue lacrime come se fossero solo un'altra parte di quella giornata miserabile.

Він сприйняв її сльози як ще одну частину цього жалюгідного дня.

Uno degli uomini che osservavano, dopo aver represso la rabbia, finalmente parlò.

Один із чоловіків, що спостерігали, нарешті заговорив, стримавши гнів.

"Non mi interessa cosa succede a voi, ma quei cani sono importanti."

«Мені байдуже, що з вами станеться, але ці собаки мають значення».

"Se vuoi aiutare, stacca quella slitta: è ghiacciata e innevata."

«Якщо хочеш допомогти, відчепи ці сани — вони примерзли до снігу».

"Spingi con forza il palo della luce, a destra e a sinistra, e rompi il sigillo di ghiaccio."

«Сильніше натискай на вудку, праворуч і ліворуч, і розіб'єш крижану плівку».

Fu fatto un terzo tentativo, questa volta seguendo il suggerimento dell'uomo.
Було зроблено третю спробу, цього разу за порадою чоловіка.

Hal fece oscillare la slitta da una parte all'altra, facendo staccare i pattini.
Гел розгойдував сани з боку в бік, розстібаючи полозки.

La slitta, benché sovraccarica e scomoda, alla fine sobbalzò in avanti.
Сани, хоч і перевантажені та незграбні, нарешті рвонули вперед.

Buck e gli altri tirarono selvaggiamente, spinti da una tempesta di frustate.
Бак та інші шалено тягнули, підганяні шквалом ударів батогом.

Un centinaio di metri più avanti, il sentiero curvava e scendeva in pendenza verso la strada.
За сто ярдів попереду стежка вигиналася і спускалася на вулицю.

Ci sarebbe voluto un guidatore esperto per tenere la slitta in posizione verticale.
Знадобився б досвідчений водій, щоб утримувати сани у вертикальному положенні.

Hal non era abile e la slitta si ribaltò mentre svoltava.
Гел не був вправним, і сани перекинулися, коли вони різко повернули на повороті.

Le cinghie allentate cedettero e metà del carico si rovesciò sulla neve.
Розхитані мотузки обірвалися, і половина вантажу висипалася на сніг.

I cani non si fermarono; la slitta più leggera continuò a procedere su un fianco.
Собаки не зупинялися; легші сани летіли набік.

I cani, furiosi per i maltrattamenti e per il peso del carico, corsero più veloci.
Розлючені від знущань та важкого тягаря, собаки побігли швидше.

Buck, infuriato, si lanciò a correre, seguito dalla squadra.
Бак, розлючений, побіг, а команда йшла позаду.
Hal urlò "Whoa! Whoa!" ma la squadra non gli prestò attenzione.
Гел крикнув «Ого! Ого!», але команда не звернула на нього уваги.
Inciampò, cadde e fu trascinato a terra dall'imbracatura.
Він спіткнувся, упав, і його потягло по землі за ремінь безпеки.
La slitta rovesciata lo travolse mentre i cani continuavano a correre avanti.
Перекинуті сани перекотилися через нього, поки собаки мчали попереду.
Il resto delle provviste è sparso lungo la trafficata strada di Skaguay.
Решта припасів розкидалася по жвавій вулиці Скагвея.
Le persone di buon cuore si precipitarono a fermare i cani e a raccogliere l'attrezzatura.
Добросердечні люди кинулися зупиняти собак та збирати спорядження.
Diedero anche consigli schietti e pratici ai nuovi viaggiatori.
Вони також давали новим мандрівникам поради, прямі та практичні.
"Se vuoi raggiungere Dawson, prendi metà del carico e raddoppia i cani."
«Якщо хочеш дістатися до Доусона, візьми половину вантажу та вдвічі більше собак».
Hal, Charles e Mercedes ascoltarono, anche se non con entusiasmo.
Гел, Чарльз і Мерседес слухали, хоча й не з ентузіазмом.
Montarono la tenda e cominciarono a sistemare le loro provviste.
Вони розбили намет і почали сортувати свої речі.
Ne uscirono dei cibi in scatola, che fecero ridere a crepapelle gli astanti.
Звідти винесли консерви, що викликало у глядачів сміх.

"Roba in scatola sul sentiero? Morirai di fame prima che si sciolga", disse uno.

«Консерви на стежці? Ти ж зголоднієш, перш ніж вони розтануть», — сказав один.

"Coperte d'albergo? Meglio buttarle via tutte."

«Готельні ковдри? Краще їх усі викинути».

"Togli anche la tenda e qui nessuno laverà più i piatti."

«Покиньте і намет, і тут ніхто не миє посуд».

"Pensi di viaggiare su un treno Pullman con dei servitori a bordo?"

«Ти думаєш, що їдеш у потязі Пульмана зі слугами на борту?»

Il processo ebbe inizio: ogni oggetto inutile venne gettato da parte.

Процес почався — кожну непотрібну річ викинули вбік.

Mercedes pianse quando le sue borse furono svuotate sul terreno innevato.

Мерседес заплакала, коли її валізи висипали на засніжену землю.

Singhiozzava per ogni oggetto buttato via, uno per uno, senza sosta.

Вона ридала над кожною викинутою річчю, одну за одною без паузи.

Giurò di non fare un altro passo, nemmeno per dieci Charles.

Вона поклялася не зробити більше ні кроку — навіть за десять Чарльзів.

Pregò ogni persona vicina di lasciarle conservare le sue cose preziose.

Вона благала кожного, хто був поруч, дозволити їй залишити собі її дорогоцінні речі.

Alla fine si asciugò gli occhi e cominciò a gettare via anche i vestiti più importanti.

Нарешті вона витерла очі й почала викидати навіть найнеобхідніший одяг.

Una volta terminato il suo, cominciò a svuotare le scorte degli uomini.

Закінчивши зі своїми, вона почала спорожняти чоловічі припаси.
Come un turbine, fece a pezzi gli effetti personali di Charles e Hal.
Як вихор, вона пронеслася крізь речі Чарльза та Гела.
Sebbene il carico fosse dimezzato, era comunque molto più pesante del necessario.
Хоча вантаж зменшили вдвічі, він все одно був набагато важчим, ніж потрібно.
Quella notte, Charles e Hal uscirono e comprarono sei nuovi cani.
Тієї ночі Чарльз і Гел пішли і купили шістьох нових собак.
Questi nuovi cani si unirono ai sei originali, più Teek e Koona.
Ці нові собаки приєдналися до початкової шістьох, а також до Тіка та Куни.
Insieme formarono una squadra di quattordici cani attaccati alla slitta.
Разом вони утворили упряжку з чотирнадцяти собак, запряжених у сани.
Ma i nuovi cani erano inadatti e poco addestrati per il lavoro con la slitta.
Але нові собаки були непридатними та погано навченими для роботи на санях.
Tre dei cani erano cani da caccia a pelo corto, mentre uno era un Terranova.
Троє собак були короткошерстими пойнтерами, а один був ньюфаундлендом.
Gli ultimi due cani erano meticci senza alcuna razza o scopo ben definito.
Останні два собаки були дворнягами без чіткої породи чи призначення.
Non capivano il percorso e non lo imparavano in fretta.
Вони не розуміли стежки і не швидко її вивчили.
Buck e i suoi compagni li osservavano con disprezzo e profonda irritazione.

Бак та його товариші спостерігали за ними з презирством та глибоким роздратуванням.

Sebbene Buck insegnasse loro cosa non fare, non poteva insegnare loro il dovere.

Хоча Бак і навчив їх, чого не слід робити, він не міг навчити їх обов'язку.

Non amavano la vita sui sentieri né la trazione delle redini e delle slitte.

Вони погано переносили їзду по тягарях та тягу віжок і саней.

Soltanto i bastardi cercarono di adattarsi, e anche a loro mancava lo spirito combattivo.

Тільки дворняги намагалися адаптуватися, та й їм бракувало бойового духу.

Gli altri cani erano confusi, indeboliti e distrutti dalla loro nuova vita.

Інші собаки були розгублені, ослаблені та зламані своїм новим життям.

Con i nuovi cani all'oscuro e i vecchi esausti, la speranza era flebile.

З огляду на те, що нові собаки нічого не знали, а старі були виснажені, надія була ледь помітною.

La squadra di Buck aveva percorso duemilacinquecento miglia di sentiero accidentato.

Команда Бака подолала дві з половиною тисячі миль суворою стежкою.

Ciononostante, i due uomini erano allegri e orgogliosi della loro grande squadra di cani.

Тим не менш, двоє чоловіків були веселими та пишалися своєю великою собачою упряжкою.

Pensavano di viaggiare con stile, con quattordici cani al seguito.

Вони думали, що подорожують стильно, з чотирнадцятьма в'язаними собаками.

Avevano visto delle slitte partire per Dawson e altre arrivarne.

Вони бачили, як сани вирушають до Доусона, а інші прибувають звідти.

Ma non ne avevano mai vista una trainata da ben quattordici cani.

Але вони ніколи не бачили, щоб його тягнули аж чотирнадцять собак.

C'era un motivo per cui squadre del genere erano rare nelle terre selvagge dell'Artico.

Була причина, чому такі команди були рідкістю в арктичній дикій природі.

Nessuna slitta poteva trasportare cibo sufficiente a sfamare quattordici cani per l'intero viaggio.

Жодні сани не могли б перевезти достатньо їжі, щоб прогодувати чотирнадцять собак протягом усієї подорожі.

Ma Charles e Hal non lo sapevano: avevano fatto i calcoli.

Але Чарльз і Гел цього не знали — вони самі все підрахували.

Hanno pianificato la razione di cibo: una certa quantità per cane, per un certo numero di giorni, fatta.

Вони розписали корм: стільки на собаку, стільки днів, готовий.

Mercedes guardò i numeri e annuì come se avessero senso.

Мерседес подивилася на їхні цифри та кивнула, ніби це мало сенс.

Tutto le sembrava molto semplice, almeno sulla carta.

Все здавалося їй дуже простим, принаймні на папері.

La mattina seguente, Buck guidò lentamente la squadra lungo la strada innevata.

Наступного ранку Бак повільно повів команду засніженою вулицею.

Non c'era né energia né spirito in lui e nei cani dietro di lui.

Ні в ньому, ні в собак позаду нього не було ні енергії, ні духу.

Erano stanchi morti fin dall'inizio: non avevano più riserve.

Вони були смертельно втомлені з самого початку — резерву не залишалося.

Buck aveva già fatto quattro viaggi tra Salt Water e Dawson.
Бак уже здійснив чотири поїздки між Солт-Вотер та Доусоном.
Ora, di fronte alla stessa pista, non provava altro che amarezza.
Тепер, знову зіткнувшись із тим самим шляхом, він не відчував нічого, крім гіркоти.
Il suo cuore non c'era, e nemmeno quello degli altri cani.
Він не був у цьому відданий, як і інші собаки.
I nuovi cani erano timidi e gli husky non si fidavano per niente.
Нові собаки були боязкими, а хаскі не викликали жодної довіри.
Buck capì che non poteva fare affidamento su quei due uomini o sulla loro sorella.
Бак відчував, що не може покластися ні на цих двох чоловіків, ні на їхню сестру.
Non sapevano nulla e non mostravano alcun segno di apprendimento lungo il percorso.
Вони нічого не знали і не виявляли жодних ознак навчання на стежці.
Erano disorganizzati e privi di qualsiasi senso di disciplina.
Вони були неорганізовані та не мали жодної дисципліни.
Ogni volta impiegavano metà della notte per allestire un accampamento malmesso.
Щоразу їм знадобилося півночі, щоб розбити недбалий табір.
E metà della mattina successiva la trascorsero di nuovo armeggiando con la slitta.
І пів наступного ранку вони знову возилися з санками.
Spesso a mezzogiorno si fermavano solo per sistemare il carico irregolare.
До полудня вони часто зупинялися лише для того, щоб виправити нерівномірне навантаження.
In alcuni giorni percorsero meno di dieci miglia in totale.
У деякі дні вони проїжджали загалом менше десяти миль.

Altri giorni non riuscivano proprio ad abbandonare l'accampamento.
Іншими днями їм взагалі не вдавалося покинути табір.
Non sono mai riusciti a coprire la distanza alimentare prevista.
Вони так і не наблизилися до подолання запланованої дистанції для перевезення їжі.
Come previsto, il cibo per i cani finì molto presto.
Як і очікувалося, у них дуже швидко закінчилася їжа для собак.
Nei primi tempi hanno peggiorato ulteriormente la situazione con l'eccesso di cibo.
Вони погіршили ситуацію, переогодовуючи на початку.
Ciò rendeva la carestia sempre più vicina, con ogni razione disattenta.
Це наближало голод з кожною недбалою пайкою.
I nuovi cani non avevano ancora imparato a sopravvivere con molto poco.
Нові собаки не навчилися виживати в мізерних запасах.
Mangiarono avidamente, con un appetito troppo grande per il sentiero.
Вони їли голодно, адже апетит був занадто великий для такої стежки.
Vedendo i cani indebolirsi, Hal pensò che il cibo non fosse sufficiente.
Бачачи, як собаки слабшають, Гел подумав, що їжі недостатньо.
Raddoppiò le razioni, peggiorando ulteriormente l'errore.
Він подвоїв пайки, зробивши помилку ще гіршою.
Mercedes aggravò il problema con le sue lacrime e le sue suppliche sommesse.
Мерседес посилила проблему сльозами та тихими благаннями.
Quando non riuscì a convincere Hal, diede da mangiare ai cani di nascosto.
Коли їй не вдалося переконати Гела, вона таємно погодувала собак.

Rubò il pesce dai sacchi e glielo diede alle spalle.
Вона крала з мішків з рибою та віддавала їм за його спиною.
Ma ciò di cui i cani avevano veramente bisogno non era altro cibo: era riposo.
Але собакам насправді була потрібна не їжа, а відпочинок.
Nonostante la loro scarsa velocità, la pesante slitta continuava a procedere.
Вони йшли погано, але важкі сани все ще тягнулися вперед.
Quel peso da solo esauriva ogni giorno le loro forze rimanenti.
Сама ця вага щодня висмоктувала з них залишки сил.
Poi arrivò la fase della sottoalimentazione, quando le scorte scarseggiavano.
Потім настав етап недогодовування, оскільки запаси закінчувалися.
Una mattina Hal si accorse che metà del cibo per cani era già finito.
Одного ранку Гел зрозумів, що половина корму для собак вже зникла.
Avevano percorso solo un quarto della distanza totale del sentiero.
Вони подолали лише чверть загальної відстані маршруту.
Non si poteva più comprare cibo, a qualunque prezzo.
Більше їжі не можна було купити, незалежно від того, яку ціну пропонували.
Ridusse le porzioni dei cani al di sotto della razione giornaliera standard.
Він зменшив порції собак до рівня нижче стандартного добового раціону.
Allo stesso tempo, chiese di viaggiare più a lungo per compensare la perdita.
Водночас він вимагав довших поїздок, щоб компенсувати втрати.
Mercedes e Charles appoggiarono questo piano, ma fallirono nella sua realizzazione.

Мерседес і Шарль підтримали цей план, але не змогли його виконати.

La loro pesante slitta e la mancanza di abilità rendevano il progresso quasi impossibile.

Їхні важкі сани та брак вправності робили просування майже неможливим.

Era facile dare meno cibo, ma impossibile forzare uno sforzo maggiore.

Було легко давати менше їжі, але неможливо змусити до більших зусиль.

Non potevano partire prima, né viaggiare per ore extra.

Вони не могли починати рано, а також не могли подорожувати понаднормово.

Non sapevano come gestire i cani, e nemmeno loro stessi, a dire il vero.

Вони не знали, як працювати з собаками, та й самі, зрештою, не знали.

Il primo cane a morire fu Dub, lo sfortunato ma laborioso ladro.

Першим собакою, який помер, був Даб, нещасливий, але працьовитий злодій.

Sebbene spesso punito, Dub aveva fatto la sua parte senza lamentarsi.

Хоча Даба часто карали, він без нарікань виконував свою роботу.

La sua spalla ferita peggiorò se non ricevette cure adeguate e non ebbe bisogno di riposo.

Його травмоване плече погіршувалося без догляду та потреби в відпочинку.

Alla fine, Hal usò la pistola per porre fine alle sofferenze di Dub.

Зрештою, Гел використав револьвер, щоб покласти край стражданням Даба.

Un detto comune afferma che i cani normali muoiono se vengono nutriti con razioni di husky.

Поширене прислів'я стверджувало, що звичайні собаки гинуть від пайків хаскі.

I sei nuovi compagni di Buck avevano ricevuto solo metà della quota di cibo riservata all'husky.

Шість нових компаньйонів Бака мали лише половину порції їжі, яку давала хаскі.

Il Terranova morì per primo, seguito dai tre cani da caccia a pelo corto.

Спочатку помер ньюфаундленд, потім три короткошерсті пойнтери.

I due bastardi resistettero più a lungo ma alla fine morirono come gli altri.

Дві дворняги протрималися довше, але зрештою загинули, як і решта.

Ormai tutti i comfort e la gentilezza del Southland erano scomparsi.

На цей час усі зручності та ніжність Півдня вже зникли.

Le tre persone avevano perso le ultime tracce della loro educazione civile.

Ці троє людей позбулися останніх слідів свого цивілізованого виховання.

Spogliato di glamour e romanticismo, il viaggio nell'Artico è diventato brutalmente reale.

Позбавлені гламуру та романтики, арктичні подорожі стали жорстоко реальними.

Era una realtà troppo dura per il loro senso di virilità e femminilità.

Це була надто сувора реальність для їхнього почуття мужності та жіночності.

Mercedes non piangeva più per i cani, ma piangeva solo per se stessa.

Мерседес більше не плакала за собаками, а тепер плакала лише за себе.

Trascorreva il tempo piangendo e litigando con Hal e Charles.

Вона проводила час, плакала та сварилася з Гелом та Чарльзом.

Litigare era l'unica cosa per cui non si stancavano mai.

Сварки були єдиною справою, якою вони ніколи не втомлювалися.

La loro irritabilità derivava dalla miseria, cresceva con essa e la superava.

Їхня дратівливість виходила з страждань, зростала разом з ними і перевершувала їх.

La pazienza del cammino, nota a coloro che faticano e soffrono con generosità, non è mai arrivata.

Терпіння шляху, відоме тим, хто трудиться і страждає добросердечно, так і не прийшло.

Quella pazienza che rende dolce la parola nonostante il dolore, era a loro sconosciuta.

Те терпіння, яке зберігає мову солодкою крізь біль, було їм невідоме.

Non avevano alcun briciolo di pazienza, nessuna forza derivante dalla sofferenza con grazia.

У них не було ні натяку на терпіння, ні сили, почерпнутої зі страждань з благодаттю.

Erano irrigiditi dal dolore: dolori nei muscoli, nelle ossa e nel cuore.

Вони були заціпенілі від болю — ломили м'язи, кістки та серце.

Per questo motivo, divennero taglienti nella lingua e pronti a pronunciare parole dure.

Через це вони стали гострими на язик і швидкими на грубі слова.

Ogni giorno iniziava e finiva con voci arrabbiate e lamentele amare.

Кожен день починався і закінчувався гнівними голосами та гіркими скаргами.

Charles e Hal litigavano ogni volta che Mercedes ne dava loro l'occasione.

Чарльз і Гел сварилися щоразу, коли Мерседес давала їм шанс.

Ogni uomo credeva di aver fatto più del dovuto.

Кожен чоловік вважав, що зробив більше, ніж йому належало.

Nessuno dei due ha mai perso l'occasione di dirlo, ancora e ancora.
Жоден з них ніколи не втрачав можливості сказати це знову і знову.
A volte Mercedes si schierava con Charles, a volte con Hal.
Іноді Мерседес була на боці Чарльза, іноді на боці Гела.
Ciò portò a una grande e infinita lite tra i tre.
Це призвело до великої та нескінченної сварки між ними трьома.
La disputa su chi dovesse tagliare la legna da ardere divenne incontrollabile.
Суперечка щодо того, хто має рубати дрова, вийшла з-під контролю.
Ben presto vennero nominati padri, madri, cugini e parenti defunti.
Невдовзі були названі імена батьків, матерів, двоюрідних братів і сестер та померлих родичів.
Le opinioni di Hal sull'arte o sulle opere teatrali di suo zio divennero parte della lotta.
Погляди Гела на мистецтво чи п'єси його дядька стали частиною боротьби.
Anche le convinzioni politiche di Carlo entrarono nel dibattito.
Політичні переконання Чарльза також були обговорені.
Per Mercedes, perfino i pettegolezzi della sorella del marito sembravano rilevanti.
Для Мерседес навіть плітки сестри її чоловіка здавалися актуальними.
Espresse la sua opinione su questo e su molti dei difetti della famiglia di Charles.
Вона висловила свої думки з цього приводу та з приводу багатьох недоліків родини Чарльза.
Mentre discutevano, il fuoco rimase spento e l'accampamento mezzo allestito.
Поки вони сперечалися, багаття залишалося нерозпаленим, а табір наполовину згорів.
Nel frattempo i cani erano rimasti infreddoliti e senza cibo.

Тим часом собаки залишалися холодними та без їжі.

Mercedes nutriva un risentimento che considerava profondamente personale.

Мерседес мала образу, яку вважала глибоко особистою.

Si sentiva maltrattata in quanto donna e le venivano negati i suoi gentili privilegi.

Вона відчувала себе жорстоко поводженою як жінка, позбавленою своїх привілеїв у благородній статтю.

Era carina e gentile, e per tutta la vita era stata abituata alla cavalleria.

Вона була гарненькою та ніжною, і все своє життя звикла до лицарства.

Ma suo marito e suo fratello ora la trattavano con impazienza.

Але її чоловік і брат тепер ставилися до неї з нетерпінням.

Aveva l'abitudine di comportarsi in modo impotente e loro cominciarono a lamentarsi.

Вона звикла поводитися безпорадно, і вони почали скаржитися.

Offesa da ciò, rese loro la vita ancora più difficile.

Ображена цим, вона ще більше ускладнила їм життя.

Ignorò i cani e insistette per guidare lei stessa la slitta.

Вона ігнорувала собак і наполягала на тому, щоб сама покататися на санях.

Sebbene sembrasse esile, pesava centoventi libbre (circa quaranta chili).

Хоча на вигляд вона була легка, важила вона сто двадцять фунтів.

Quel peso aggiuntivo era troppo per i cani affamati e deboli.

Цей додатковий тягар був занадто важким для голодних, слабких собак.

Nonostante ciò, continuò a cavalcare per giorni, finché i cani non crollarono nelle redini.

І все ж вона їхала кілька днів, аж поки собаки не підкосилися під поводи.

La slitta si fermò e Charles e Hal la implorarono di proseguire a piedi.

Сани зупинилися, а Чарльз і Гел благали її йти пішки.
Loro la implorarono e la scongiurarono, ma lei pianse e li definì crudeli.
Вони благали й благали, але вона плакала та називала їх жорстокими.
In un'occasione, la tirarono giù dalla slitta con pura forza e rabbia.
Одного разу вони з силою та гнівом стягнули її з саней.
Dopo quello che accadde quella volta non ci riprovarono più.
Вони більше ніколи не пробували після того, що сталося тоді.
Si accasciò come una bambina viziata e si sedette nella neve.
Вона обм'якла, як розпещена дитина, і сіла на сніг.
Continuarono a muoversi, ma lei si rifiutò di alzarsi o di seguirli.
Вони рушили далі, але вона відмовилася вставати чи йти за ними.
Dopo tre miglia si fermarono, tornarono indietro e la riportarono indietro.
Через три милі вони зупинилися, повернулися і понесли її назад.
La ricaricarono sulla slitta, usando ancora una volta la forza bruta.
Вони знову завантажили її на сани, знову використовуючи грубу силу.
Nella loro profonda miseria, erano insensibili alla sofferenza dei cani.
У своєму глибокому стражданні вони були байдужі до страждань собак.
Hal credeva che fosse necessario indurirsi e impose questa convinzione agli altri.
Гел вважав, що треба загартуватися, і нав'язував цю віру іншим.
Inizialmente ha cercato di predicare la sua filosofia a sua sorella

Спочатку він спробував проповідувати свою філософію сестрі
e poi, senza successo, predicò al cognato.
а потім, безуспішно, він проповідував своєму зятю.
Ebbe più successo con i cani, ma solo perché li ferì.
Він мав більше успіху з собаками, але лише тому, що завдавав їм болю.
Da Five Fingers, il cibo per cani è rimasto completamente vuoto.
У «П'яти Пальцях» корм для собак повністю закінчився.
Una vecchia squaw sdentata vendette qualche chilo di pelle di cavallo congelata
Беззуба стара індіанка продала кілька фунтів замороженої кінської шкіри
Hal scambiò la sua pistola con la pelle di cavallo secca.
Гел обміняв свій револьвер на висушену кінську шкуру.
La carne proveniva dai cavalli affamati di allevatori di bovini, morti mesi prima.
М'ясо було отримано від зголоднілих коней скотарів кілька місяців тому.
Congelata, la pelle era come ferro zincato: dura e immangiabile.
Замерзла шкіра була схожа на оцинковане залізо; жорстка та неїстівна.
Per riuscire a mangiarla, i cani dovevano masticare la pelle senza sosta.
Собакам доводилося нескінченно гризти шкуру, щоб з'їсти її.
Ma le corde coriacee e i peli corti non erano certo un nutrimento.
Але шкірясті пасма та коротке волосся навряд чи можна було назвати їжею.
La maggior parte della pelle era irritante e non era cibo in senso stretto.
Більша частина шкури була дратівливою і не була їжею в справжньому сенсі.

E nonostante tutto, Buck barcollava davanti a tutti, come in un incubo.

І крізь усе це Бак хитався попереду, немов у кошмарі.

Quando poteva, tirava; quando non poteva, restava lì finché non veniva sollevato dalla frusta o dal bastone.

Він тягнув, коли міг; коли ні, лежав, поки батіг чи палиця не піднімали його.

Il suo pelo fine e lucido aveva perso tutta la rigidità e la lucentezza di un tempo.

Його чудова, блискуча шерсть втратила всю колишню жорсткість і блиск.

I suoi capelli erano flosci, spettinati e pieni di sangue rappreso a causa dei colpi.

Його волосся висіло скуйовджене, скуйовджене та згорнуте від засохлої крові від ударів.

I suoi muscoli si ridussero a midolli e i cuscinetti di carne erano tutti consumati.

Його м'язи стиснулися, перетворюючись на тяжі, а шкіра стерлася.

Ogni costola, ogni osso erano chiaramente visibili attraverso le pieghe della pelle rugosa.

Кожне ребро, кожна кістка чітко проглядали крізь складки зморшкуватої шкіри.

Fu straziante, ma il cuore di Buck non riuscì a spezzarsi.

Це було роздираюче, але серце Бака не могло розбитися.

L'uomo con il maglione rosso lo aveva testato e dimostrato molto tempo prima.

Чоловік у червоному светрі давно це перевірив і довів.

Così come accadde a Buck, accadde anche a tutti i suoi compagni di squadra rimasti.

Як і з Баком, так само було і з усіма його рештою товаришів по команді.

Ce n'erano sette in totale, ognuno uno scheletro ambulante di miseria.

Їх було семеро, кожен з яких був ходячим скелетом страждань.

Erano diventati insensibili alle fruste e sentivano solo un dolore distante.
Вони заніміли від ударів батогом, відчуваючи лише віддалений біль.
Anche la vista e i suoni li raggiungevano debolmente, come attraverso una fitta nebbia.
Навіть зір і звук доносилися до них ледь чутно, ніби крізь густий туман.
Non erano mezzi vivi: erano ossa con deboli scintille al loro interno.
Вони не були наполовину живими — це були кістки з тьмяними іскрами всередині.
Una volta fermati, crollarono come cadaveri, con le scintille quasi del tutto spente.
Коли їх зупинили, вони розвалилися, як трупи, їхні іскри майже згасли.
E quando la frusta o il bastone colpivano di nuovo, le scintille sfarfallavano debolmente.
А коли батіг чи палиця вдаряли знову, іскри слабо тріпотіли.
Poi si alzarono, barcollarono in avanti e trascinarono le loro membra in avanti.
Потім вони підвелися, похитуючись посунулися вперед і потягнули вперед свої кінцівки.
Un giorno il gentile Billee cadde e non riuscì più a rialzarsi.
Одного разу добра Біллі впала і вже зовсім не змогла підвестися.
Hal aveva scambiato la sua pistola con quella di Billee, così decise di ucciderla con un'ascia.
Гел обміняв свій револьвер, тому замість цього вбив Біллі сокирою.
Lo colpì alla testa, poi gli tagliò il corpo e lo trascinò via.
Він ударив його по голові, потім розрубав його тіло та відтягнув його геть.
Buck se ne accorse, e così fecero anche gli altri: sapevano che la morte era vicina.
Бак побачив це, як і інші; вони знали, що смерть близько.

Il giorno dopo Koona se ne andò, lasciando solo cinque cani nel gruppo affamato.

Наступного дня Куна пішов, залишивши лише п'ятьох собак у голодній упряжці.

Joe, non più cattivo, era ormai troppo fuori di sé per rendersi conto di nulla.

Джо, вже не злий, був надто злий, щоб взагалі щось усвідомлювати.

Pike, ormai non fingeva più di essere ferito, era appena cosciente.

Пайк, більше не вдаючи своєї травми, був ледве притомний.

Solleks, ancora fedele, si rammaricava di non avere più la forza di dare.

Соллекс, все ще вірний, сумував, що не мав сили віддати.

Teek fu battuto più di tutti perché era più fresco, ma stava calando rapidamente.

Тіка найбільше побили, бо він був свіжішим, але швидко втрачав свою силу.

E Buck, ancora in testa, non mantenne più l'ordine né lo fece rispettare.

А Бак, все ще лідируючи, більше не підтримував порядок і не забезпечував його дотримання.

Mezzo accecato dalla debolezza, Buck seguì la pista solo a tentoni.

Напівсліпий від слабкості, Бек йшов слідом, керуючись лише навмання.

Era una bellissima primavera, ma nessuno di loro se ne accorse.

Була чудова весняна погода, але ніхто з них цього не помітив.

Ogni giorno il sole sorgeva prima e tramontava più tardi.

Щодня сонце сходило раніше і сідало пізніше, ніж раніше.

Alle tre del mattino era già spuntata l'alba; il crepuscolo durò fino alle nove.

О третій годині ранку настав світанок; сутінки тривали до дев'ятої.

Le lunghe giornate erano illuminate dal sole primaverile.
Довгі дні були наповнені яскравим весняним сонцем.

Il silenzio spettrale dell'inverno si era trasformato in un caldo mormorio.
Примарна тиша зими змінилася теплим шепотом.

Tutta la terra si stava svegliando, animata dalla gioia degli esseri viventi.
Вся земля прокидалася, ожила радістю живих істот.

Il suono proveniva da ciò che era rimasto morto e immobile per tutto l'inverno.
Звук долинав з того, що лежало мертвим і нерухомим протягом зими.

Ora quelle cose si mossero di nuovo, scrollandosi di dosso il lungo sonno del gelo.
Тепер ці істоти знову заворушилися, струшуючи з себе довгий морозний сон.

La linfa saliva attraverso i tronchi scuri dei pini in attesa.
Сік піднімався крізь темні стовбури сосен, що чекали.

Salici e pioppi tremuli fanno sbocciare giovani gemme luminose su ogni ramoscello.
Верби та осики пускають яскраві молоді бруньки на кожній гілочці.

Arbusti e viti si tingono di un verde fresco mentre il bosco si anima.
Чагарники та ліани зазеленіли, коли ліс ожив.

Di notte i grilli cantavano e di giorno gli insetti strisciavano nella luce del sole.
Вночі цвірінькали цвіркуни, а на денному сонці повзали комахи.

Le pernici gridavano e i picchi picchiavano in profondità tra gli alberi.
Куріпки гуділи, а дятли стукали глибоко в деревах.

Gli scoiattoli chiacchieravano, gli uccelli cantavano e le oche starnazzavano per richiamare l'attenzione dei cani.
Білки цурічали, птахи співали, а гуси гавкали над собаками.

Gli uccelli selvatici arrivavano a cunei affilati, volando in alto da sud.
Дикі птахи злітали гострими зграями з півдня.
Da ogni pendio giungeva la musica di ruscelli nascosti e impetuosi.
З кожного схилу пагорба долинала музика прихованих, гуркотливих струмків.
Tutto si scongelava e si spezzava, si piegava e ricominciava a muoversi.
Все розтануло, клацнуло, зігнулося та знову вибухнуло рухом.
Lo Yukon si sforzò di spezzare le fredde catene del ghiaccio ghiacciato.
Юкон напружувався, щоб розірвати холодні ланцюги замерзлого льоду.
Il ghiaccio si scioglieva sotto, mentre il sole lo scioglieva dall'alto.
Лід танув знизу, а сонце розтоплювало його зверху.
Si aprirono dei buchi, si allargarono delle crepe e dei pezzi caddero nel fiume.
Відкрилися вентиляційні отвори, поширилися тріщини, і шматки падали в річку.
In mezzo a tutta questa vita sfrenata e sfrenata, i viaggiatori barcollavano.
Серед усього цього вируючого та палкого життя мандрівники хиталися.
Due uomini, una donna e un branco di husky camminavano come morti.
Двоє чоловіків, жінка та зграя хаскі йшли, як мертві.
I cani cadevano, Mercedes piangeva, ma continuava a guidare la slitta.
Собаки падали, Мерседес плакала, але все ще їхала на санях.
Hal imprecò debolmente e Charles sbatté le palpebre con gli occhi lacrimanti.
Гел слабо вилаявся, а Чарльз кліпнув сльозячими очима.

Si imbatterono nell'accampamento di John Thornton, nei pressi della foce del White River.

Вони натрапили на табір Джона Торнтона біля гирла річки Вайт-Рівер.

Quando si fermarono, i cani caddero a terra, come se fossero stati tutti colpiti a morte.

Коли вони зупинилися, собаки впали ниць, ніби всі загинули.

Mercedes si asciugò le lacrime e guardò John Thornton.

Мерседес витерла сльози й подивилася на Джона Торнтона.

Charles si sedette su un tronco, lentamente e rigidamente, dolorante per il sentiero.

Чарльз сидів на колоді, повільно та напружено, відчуваючи біль від стежки.

Hal parlava mentre Thornton intagliava l'estremità del manico di un'ascia.

Гел говорив, поки Торнтон вирізав кінець ручки сокири.

Tagliò il legno di betulla e rispose con frasi brevi e decise.

Він стругав березові дрова та відповідав короткими, твердими словами.

Quando gli veniva chiesto, dava un consiglio, certo che non sarebbe stato seguito.

Коли його запитали, він дав пораду, будучи певним, що її не виконають.

Hal spiegò: "Ci avevano detto che il ghiaccio lungo la pista si stava staccando".

Гел пояснив: «Вони сказали нам, що лід на стежці тане».

"Ci avevano detto che dovevamo restare fermi, ma siamo arrivati a White River."

«Вони сказали, що нам слід залишатися на місці, але ми дісталися до Вайт-Рівер».

Concluse con un tono beffardo, come per cantare vittoria nelle difficoltà.

Він закінчив глузливим тоном, ніби проголошуючи перемогу у скрутному становищі.

"E ti hanno detto la verità", rispose John Thornton a bassa voce ad Hal.

— І вони сказали тобі правду, — тихо відповів Джон Торнтон Гелу.

"Il ghiaccio potrebbe cedere da un momento all'altro: è pronto a staccarsi."

«Лід може будь-якої миті розвалитися — він готовий відвалитися».

"Solo la fortuna cieca e gli sciocchi avrebbero potuto arrivare vivi fin qui."

«Тільки сліпа удача та дурні могли дожити так далеко живими».

"Te lo dico senza mezzi termini: non rischierei la vita per tutto l'oro dell'Alaska."

«Кажу вам прямо, я б не ризикнув своїм життям за все золото Аляски».

"Immagino che tu non sia uno stupido", rispose Hal.

«Мабуть, це тому, що ти не дурень», – відповів Гел.

"Comunque, andiamo avanti con Dawson." Srotolò la frusta.

«Усе одно, ми поїдемо до Доусона». Він розгорнув батіг.

"Sali, Buck! Ehi! Alzati! Forza!" urlò con voce roca.

«Лезь нагору, Баку! Гей! Вставай! Давай!» — різко крикнув він.

Thornton continuò a intagliare, sapendo che gli sciocchi non volevano sentire ragioni.

Торнтон продовжував різьбити, знаючи, що дурні не почують розумних доводів.

Fermare uno stupido era inutile, e due o tre stupidi non cambiavano nulla.

Зупиняти дурня було марно, а двоє чи троє обдурених нічого не змінили.

Ma la squadra non si mosse al suono del comando di Hal.

Але команда не ворухнулася на звук команди Гела.

Ormai solo i colpi potevano farli sollevare e avanzare.

Тепер лише удари могли змусити їх піднятися та рушити вперед.

La frusta schioccava ripetutamente sui cani indeboliti.

Батіг знову і знову клацав по ослаблених собаках.
John Thornton strinse forte le labbra e osservò in silenzio.
Джон Торнтон міцно стиснув губи і мовчки спостерігав.
Solleks fu il primo a rialzarsi sotto la frusta.
Соллекс першим підвівся на ноги під батогом.
Poi Teek lo seguì, tremando. Joe urlò mentre barcollava.
Потім Тік пішов, тремтячи. Джо скрикнув, спіткнувшись і піднявшись.
Pike cercò di alzarsi, fallì due volte, poi alla fine si rialzò barcollando.
Пайк спробував підвестися, двічі невдало, а потім нарешті невпевнено стояв.
Ma Buck rimase lì dov'era caduto, senza muoversi affatto.
Але Бак лежав там, де впав, цього разу зовсім не рухаючись.
La frusta lo colpì più volte, ma lui non emise alcun suono.
Батіг шмагав його знову і знову, але він не видав жодного звуку.
Lui non sussultò né oppose resistenza, rimase semplicemente immobile e in silenzio.
Він не здригнувся і не чинив опору, просто залишався нерухомим і тихим.
Thornton si mosse più di una volta, come per dire qualcosa, ma non lo fece.
Торнтон кілька разів ворухнувся, ніби хотів щось сказати, але промовчав.
I suoi occhi si inumidirono, ma la frusta continuava a schioccare contro Buck.
Його очі намокли, а батіг все ще клацав по Баку.
Alla fine Thornton cominciò a camminare lentamente, incerto sul da farsi.
Нарешті Торнтон почав повільно ходити туди-сюди, не знаючи, що робити.
Era la prima volta che Buck falliva e Hal si infuriò.
Це був перший раз, коли Бак зазнав невдачі, і Гел розлютився.

Gettò via la frusta e prese al suo posto il pesante manganello.
Він кинув батіг і замість нього підняв важку палицю.

La mazza di legno colpì con violenza, ma Buck non si alzò per muoversi.
Дерев'яна палиця сильно вдарила, але Бак все ще не підвівся, щоб поворухнутися.

Come i suoi compagni di squadra, era troppo debole, ma non solo.
Як і його товариші по команді, він був надто слабким, але більше того.

Buck aveva deciso di non muoversi, qualunque cosa accadesse.
Бак вирішив не рухатися, що б не сталося далі.

Sentì qualcosa di oscuro e sicuro incombere proprio davanti a sé.
Він відчув щось темне й певне, що маячило прямо попереду.

Quel terrore lo aveva colto non appena aveva raggiunto la riva del fiume.
Цей жах охопив його, щойно він дістався берега річки.

Quella sensazione non lo aveva abbandonato da quando aveva sentito il ghiaccio assottigliarsi sotto le zampe.
Це відчуття не покидало його відтоді, як він відчув тонкий лід під лапами.

Qualcosa di terribile lo stava aspettando: lo sentiva proprio lungo il sentiero.
Щось жахливе чекало на нього — він відчував це вже десь унизу стежки.

Non avrebbe camminato verso quella cosa terribile davanti a lui
Він не збирався йти назустріч тій жахливій істоті попереду.

Non avrebbe obbedito a nessun ordine che lo avrebbe condotto a quella cosa.
Він не збирався виконувати жодного наказу, який би привів його туди.

Ormai il dolore dei colpi non lo sfiorava più: era troppo stanco.
Біль від ударів майже не торкався його — він був надто знесилений.

La scintilla della vita tremolava lentamente, affievolita da ogni colpo crudele.
Іскра життя ледь мерехтіла, тьмяніла під кожним жорстоким ударом.

Gli arti gli sembravano distanti; tutto il corpo sembrava appartenere a un altro.
Його кінцівки здавалися далекими; все його тіло ніби належало комусь іншому.

Sentì uno strano torpore mentre il dolore scompariva completamente.
Він відчув дивне оніміння, коли біль повністю зник.

Da lontano, sentiva che lo stavano picchiando, ma non se ne rendeva conto.
Здалеку він відчував, що його б'ють, але ледве усвідомлював це.

Poteva udire debolmente i tonfi, ma ormai non gli facevano più male.
Він ледь чув глухі удари, але вони вже не завдавали йому справжнього болю.

I colpi andarono a segno, ma il suo corpo non sembrava più il suo.
Удари сильні, але його тіло вже не здавалося його власним.

Poi, all'improvviso, senza alcun preavviso, John Thornton lanciò un grido selvaggio.
Раптом, без попередження, Джон Торнтон дико скрикнув.

Era inarticolato, più il grido di una bestia che di un uomo.
Це було нерозбірливо, радше крик звіра, ніж людини.

Si lanciò sull'uomo con la mazza e fece cadere Hal all'indietro.
Він стрибнув на чоловіка з кийком і відкинув Гела назад.

Hal volò come se fosse stato colpito da un albero, atterrando pesantemente al suolo.

Гел полетів, ніби його вдарило дерево, і міцно приземлився на землю.

Mercedes urlò a gran voce in preda al panico e si portò le mani al viso.

Мерседес голосно закричала в паніці та схопилася за обличчя.

Charles si limitò a guardare, si asciugò gli occhi e rimase seduto.

Чарльз лише спостерігав, витираючи очі та залишаючись сидіти.

Il suo corpo era troppo irrigidito dal dolore per alzarsi o contribuire alla lotta.

Його тіло було надто заціпенілим від болю, щоб підвестися чи допомогти в боротьбі.

Thornton era in piedi davanti a Buck, tremante di rabbia, incapace di parlare.

Торнтон стояв над Баком, тремтячи від люті, не в змозі говорити.

Tremava di rabbia e lottò per trovare la voce.

Він тремтів від люті й намагався крізь неї вимовити голос.

"Se colpisci ancora quel cane, ti uccido", disse infine.

«Якщо ти ще раз удариш цього собаку, я тебе вб'ю», — нарешті сказав він.

Hal si asciugò il sangue dalla bocca e tornò avanti.

Гел витер кров з рота і знову підійшов до нього.

"È il mio cane", borbottò. "Togliti di mezzo o ti sistemo io."

«Це мій собака», — пробурмотів він. «Забирайся з дороги, бо я тебе виправлю».

"Vado da Dawson e tu non mi fermerai", ha aggiunto.

«Я їду до Доусона, і ти мене не зупиниш», – додав він.

Thornton si fermò tra Buck e il giovane arrabbiato.

Торнтон міцно стояв між Баком і розгніваним юнаком.

Non aveva alcuna intenzione di farsi da parte o di lasciar passare Hal.

Він не мав наміру відступати вбік чи пропускати Гела.

Hal tirò fuori il suo coltello da caccia, lungo e pericoloso nella sua mano.

Гел витягнув свій мисливський ніж, довгий і небезпечний у руці.

Mercedes urlò, poi pianse, poi rise in preda a un'isteria selvaggia.

Мерседес кричала, потім плакала, а потім істерично сміялася.

Thornton colpì la mano di Hal con il manico dell'ascia, con forza e rapidità.

Торнтон сильно та швидко вдарив Гела по руці держаком сокири.

Il coltello si liberò dalla presa di Hal e volò a terra.

Ніж випав з рук Гела та полетів на землю.

Hal cercò di raccogliere il coltello, ma Thornton gli batté di nuovo le nocche.

Гел спробував підняти ніж, і Торнтон знову постукав кісточками пальців.

Poi Thornton si chinò, afferrò il coltello e lo tenne fermo.

Тоді Торнтон нахилився, схопив ніж і тримав його.

Con due rapidi colpi del manico dell'ascia, tagliò le redini di Buck.

Двома швидкими ударами ручки сокири він перерізав Баскові віжки.

Hal non aveva più voglia di combattere e si allontanò dal cane.

Гел не мав жодних сил чинити опір і відступив від собаки.

Inoltre, ora Mercedes aveva bisogno di entrambe le braccia per restare in piedi.

Крім того, Мерседес тепер потрібні були обидві руки, щоб триматися на ногах.

Buck era troppo vicino alla morte per poter nuovamente tirare la slitta.

Бак був надто близький до смерті, щоб знову бути корисним для тяги санок.

Pochi minuti dopo, ripartirono, dirigendosi verso il fiume.

Через кілька хвилин вони вирушили, прямуючи вниз по річці.

Buck sollevò debolmente la testa e li guardò lasciare la banca.
Бак слабо підняв голову й спостерігав, як вони виходять з банку.

Pike guidava la squadra, con Solleks dietro al volante.
Пайк очолив команду, а Соллекс був позаду на позиції кермового.

Joe e Teek camminavano in mezzo, zoppicando entrambi per la stanchezza.
Джо та Тік йшли між ними, обидва кульгаючи від виснаження.

Mercedes si sedette sulla slitta e Hal afferrò la lunga pertica.
Мерседес сиділа на санях, а Гел міцно тримався за довгу жердину.

Charles barcollava dietro di lui, con passi goffi e incerti.
Шарль спіткнувся позаду, його кроки були незграбними та невпевненими.

Thornton si inginocchiò accanto a Buck e tastò delicatamente per vedere se aveva ossa rotte.
Торнтон став навколішки біля Бака й обережно намацав переломи.

Le sue mani erano ruvide, ma si muovevano con gentilezza e cura.
Його руки були шорсткі, але рухалися з добротою та турботою.

Il corpo di Buck era pieno di lividi, ma non presentava lesioni permanenti.
Тіло Бака було в синцях, але тривалих травм не було.

Ciò che restava era una fame terribile e una debolezza quasi totale.
Залишилися лише жахливий голод і майже повна слабкість.

Quando la situazione fu più chiara, la slitta era già andata molto a valle.
Поки це прояснилося, сани вже далеко зайшли вниз за річкою.

L'uomo e il cane osservavano la slitta avanzare lentamente sul ghiaccio che si rompeva.
Чоловік і собака спостерігали, як сани повільно повзуть по тріскаючому льоду.

Poi videro la slitta sprofondare in una cavità.
Потім вони побачили, як сани опускаються в улоговину.

La pertica volò in alto, ma Hal vi si aggrappò ancora invano.
Вудка злетіла вгору, а Гел марно за неї чіплявся.

L'urlo di Mercedes li raggiunse attraverso la fredda distanza.
Крик Мерседес долинув до них крізь холодну відстань.

Charles si voltò e fece un passo indietro, ma era troppo tardi.
Чарльз обернувся і відступив назад, але було вже надто пізно.

Un'intera calotta di ghiaccio cedette e tutti precipitarono.
Цілий льодовиковий щит провалився, і всі вони провалилися крізь нього.

Cani, slitte e persone scomparvero nelle acque nere sottostanti.
Собаки, сани та люди зникли у чорній воді внизу.

Nel punto in cui erano passati era rimasto solo un largo buco nel ghiaccio.
Там, де вони пройшли, залишилася лише широка діра в льоду.

Il fondo del sentiero era crollato, proprio come aveva previsto Thornton.
Підошва стежки обвалилася — саме так, як і попереджав Торнтон.

Thornton e Buck si guardarono l'un l'altro, in silenzio per un momento.
Торнтон і Бак подивилися одне на одного, на мить мовчки.

"Povero diavolo", disse Thornton dolcemente, e Buck gli leccò la mano.
«Бідолашний ти», — тихо сказав Торнтон, і Бак облизав йому руку.

Per amore di un uomo
Заради любові до чоловіка

John Thornton si congelò i piedi per il freddo del dicembre precedente.
Джон Торнтон відморозив ноги в холод попереднього грудня.
I suoi compagni lo fecero sentire a suo agio e lo lasciarono guarire da solo.
Його партнери влаштували йому комфортно та залишили його відновлюватися самого.
Risalirono il fiume per raccogliere una zattera di tronchi da sega per Dawson.
Вони піднялися вгору по річці, щоб назбирати пліт пилорам для Доусона.
Zoppicava ancora leggermente quando salvò Buck dalla morte.
Він все ще трохи кульгав, коли врятував Бака від смерті.
Ma con il persistere del caldo, anche quella zoppia è scomparsa.
Але з появою теплої погоди навіть ця кульгавість зникла.
Sdraiato sulla riva del fiume durante le lunghe giornate primaverili, Buck si riposò.
Лежачи на березі річки протягом довгих весняних днів, Бак відпочивав.
Osservava l'acqua che scorreva e ascoltava gli uccelli e gli insetti.
Він спостерігав за течією води та слухав спів птахів і комах.
Lentamente Buck riacquistò le forze sotto il sole e il cielo.
Повільно Бак відновлював сили під сонцем і небом.
Dopo aver viaggiato tremila miglia, riposarsi è stato meraviglioso.
Відпочинок був чудовим після подорожі трьома тисячами миль.
Buck diventò pigro man mano che le sue ferite guarivano e il suo corpo si riempiva.

Бак став лінивим, коли його рани загоїлися, а тіло наповнилося.

I suoi muscoli si rassodarono e la carne tornò a ricoprire le sue ossa.

Його м'язи стали міцнішими, а плоть знову покрила його кістки.

Stavano tutti riposando: Buck, Thornton, Skeet e Nig.

Всі вони відпочивали — Бак, Торнтон, Скіт і Ніг.

Aspettarono la zattera che li avrebbe portati a Dawson.

Вони чекали на пліт, який мав доставити їх до Доусона.

Skeet era un piccolo setter irlandese che fece amicizia con Buck.

Скіт був маленьким ірландським сетером, який потоваришував з Баком.

Buck era troppo debole e malato per resisterle al loro primo incontro.

Бак був надто слабкий і хворий, щоб чинити їй опір під час їхньої першої зустрічі.

Skeet aveva la caratteristica di guaritore che alcuni cani possiedono per natura.

Скіт мав рису цілителя, яку деякі собаки мають від природи.

Come una gatta, leccò e pulì le ferite aperte di Buck.

Як мама-кішка, вона облизувала та очищала свіжі рани Бака.

Ogni mattina, dopo colazione, ripeteva il suo attento lavoro.

Щоранку після сніданку вона повторювала свою ретельну роботу.

Buck finì per aspettarsi il suo aiuto tanto quanto quello di Thornton.

Бак очікував її допомоги так само, як і Торнтонової.

Anche Nig era amichevole, ma meno aperto e meno affettuoso.

Ніг теж був дружелюбним, але менш відкритим і менш ласкавим.

Nig era un grosso cane nero, in parte segugio e in parte levriero.

Ніг був великим чорним собакою, частково бладхаундом, частково дирхаундом.

Aveva occhi sorridenti e un'infinita bontà d'animo.

У нього були усміхнені очі та безмежна доброта в душі.

Con sorpresa di Buck, nessuno dei due cani mostrò gelosia nei suoi confronti.

На подив Бака, жоден з собак не виявляв до нього ревнощів.

Sia Skeet che Nig condividevano la gentilezza di John Thornton.

І Скіт, і Ніг поділяли доброту Джона Торнтона.

Man mano che Buck diventava più forte, lo attiravano in stupidi giochi da cani.

Коли Бак зміцнів, вони заманили його в дурні собачі ігри.

Anche Thornton giocava spesso con loro, incapace di resistere alla loro gioia.

Торнтон також часто грався з ними, не в змозі встояти перед їхньою радістю.

In questo modo giocoso, Buck passò dalla malattia a una nuova vita.

У такий грайливий спосіб Бак перейшов від хвороби до нового життя.

L'amore, quello vero, ardente e passionale, era finalmente suo.

Кохання — справжнє, палке й пристрасне кохання — нарешті було його.

Non aveva mai conosciuto questo tipo di amore nella tenuta di Miller.

Він ніколи не знав такого кохання в маєтку Міллера.

Con i figli del giudice aveva condiviso lavoro e avventure.

З синами судді він ділив роботу та пригоди.

Nei nipoti notò un orgoglio rigido e vanitoso.

У онуків він бачив закляклу та хвалькувату гординю.

Con lo stesso giudice Miller aveva un rapporto di rispettosa amicizia.

З самим суддею Міллером у нього були шанобливі дружні стосунки.

Ma l'amore che era fuoco, follia e adorazione era ciò che accadeva con Thornton.
Але кохання, яке було вогнем, божевіллям і поклонінням, прийшло з Торнтоном.
Quest'uomo aveva salvato la vita di Buck, e questo di per sé significava molto.
Цей чоловік врятував Баку життя, і це вже одне багато значило.
Ma più di questo, John Thornton era il tipo ideale di maestro.
Але більше того, Джон Торнтон був ідеальним майстром.
Altri uomini si prendevano cura dei cani per dovere o per necessità lavorative.
Інші чоловіки доглядали за собаками з обов'язку або через ділову необхідність.
John Thornton si prendeva cura dei suoi cani come se fossero figli.
Джон Торнтон піклувався про своїх собак, ніби вони були його дітьми.
Si prendeva cura di loro perché li amava e semplicemente non poteva farne a meno.
Він піклувався про них, бо любив їх і просто нічого не міг з цим вдіяти.
John Thornton vide molto più lontano di quanto la maggior parte degli uomini riuscisse mai a vedere.
Джон Торнтон бачив навіть далі, ніж більшість людей коли-небудь вдавалося побачити.
Non dimenticava mai di salutarli gentilmente o di pronunciare una parola di incoraggiamento.
Він ніколи не забував привітно їх привітати чи сказати підбадьорливе слово.
Amava sedersi con i cani per fare lunghe chiacchierate, o "gassy", come diceva lui.
Він любив довго розмовляти з собаками, або, як він казав, «задихатися».
Gli piaceva afferrare bruscamente la testa di Buck tra le sue mani forti.

Йому подобалося грубо хапати Бака за голову своїми сильними руками.
Poi appoggiò la testa contro quella di Buck e lo scosse delicatamente.
Потім він притулив свою голову до Бакової й легенько його похитав.
Nel frattempo, chiamava Buck con nomi volgari che per lui significavano affetto.
Весь цей час він обзивал Бака грубими словами, що означало для Бака любов.
Per Buck, quell'abbraccio rude e quelle parole portarono una gioia profonda.
Баку ці грубі обійми та ці слова принесли глибоку радість.
A ogni movimento il suo cuore sembrava sussultare di felicità.
Здавалося, що його серце тріпотіло від щастя з кожним рухом.
Quando poi balzò in piedi, la sua bocca sembrava ridere.
Коли він потім схопився, його рот виглядав так, ніби він сміявся.
I suoi occhi brillavano intensamente e la sua gola tremava per una gioia inespressa.
Його очі яскраво сяяли, а горло тремтіло від невимовної радості.
Il suo sorriso rimase immobile in quello stato di emozione e affetto ardente.
Його посмішка завмерла в цьому стані емоцій та сяючої прихильності.
Allora Thornton esclamò pensieroso: "Dio! Riesce quasi a parlare!"
Тоді Торнтон задумливо вигукнув: «Боже! Він майже може говорити!»
Buck aveva uno strano modo di esprimere l'amore che quasi gli causava dolore.
У Бака була дивна манера висловлювати кохання, яка мало не завдавала болю.
Spesso stringeva forte la mano di Thornton tra i denti.

Він часто міцно стискав руку Торнтона зубами.
Il morso avrebbe lasciato segni profondi che sarebbero rimasti per qualche tempo.
Укус мав залишити глибокі сліди, які залишалися на деякий час після цього.
Buck credeva che quei giuramenti fossero amore, e Thornton la pensava allo stesso modo.
Бак вірив, що ці клятви — це кохання, і Торнтон знав те саме.
Il più delle volte, l'amore di Buck si manifestava in un'adorazione silenziosa, quasi silenziosa.
Найчастіше кохання Бака проявлялося в тихому, майже мовчазному обожнюванні.
Sebbene fosse emozionato quando veniva toccato o gli si parlava, non cercava attenzione.
Хоча він був у захваті від дотику чи розмови з ним, він не шукав уваги.
Skeet spinse il naso sotto la mano di Thornton finché lui non la accarezzò.
Скіт тицьнула носом під руку Торнтона, аж поки він не погладив її.
Nig si avvicinò silenziosamente e appoggiò la sua grande testa sulle ginocchia di Thornton.
Ніг тихо підійшов і поклав свою велику голову на коліна Торнтона.
Buck, al contrario, si accontentava di amare da una rispettosa distanza.
Бак, навпаки, був задоволений тим, що кохав з шанобливої відстані.
Rimase sdraiato per ore ai piedi di Thornton, vigile e attento.
Він годинами лежав біля ніг Торнтона, пильно спостерігаючи.
Buck studiò ogni dettaglio del volto del suo padrone, perfino il più piccolo movimento.
Бак вивчав кожну деталь обличчя свого господаря та його найменший рух.

Oppure sdraiati più lontano, studiando in silenzio la sagoma dell'uomo.
Або лежав далі, мовчки вивчаючи постать чоловіка.
Buck osservava ogni piccolo movimento, ogni cambiamento di postura o di gesto.
Бак спостерігав за кожним найменшим рухом, кожною зміною пози чи жесту.
Questo legame era così potente che spesso catturava lo sguardo di Thornton.
Цей зв'язок був настільки сильним, що часто привертав до себе погляд Торнтона.
Incontrò lo sguardo di Buck senza dire parole, e il suo amore traspariva chiaramente.
Він зустрівся поглядом з Баком без слів, крізь який чітко сяяло кохання.
Per molto tempo dopo essere stato salvato, Buck non perse mai di vista Thornton.
Протягом довгого часу після порятунку Бак не випускав Торнтона з поля зору.
Ogni volta che Thornton usciva dalla tenda, Buck lo seguiva da vicino all'esterno.
Щоразу, коли Торнтон виходив з намету, Бак уважно йшов за ним надвір.
Tutti i severi padroni delle Terre del Nord avevano fatto sì che Buck non riuscisse più a fidarsi.
Усі суворі господарі на Півночі змусили Бака боятися довіряти.
Temeva che nessun uomo potesse restare suo padrone se non per un breve periodo.
Він боявся, що ніхто не зможе залишатися його господарем довше короткого часу.
Temeva che John Thornton sarebbe scomparso come Perrault e François.
Він боявся, що Джон Торнтон зникне, як Перро та Франсуа.
Anche di notte, la paura di perderlo tormentava il sonno agitato di Buck.

Навіть вночі страх втратити його переслідував Бака у неспокійному сні.

Quando Buck si svegliò, si trascinò fuori al freddo e andò nella tenda.

Коли Бак прокинувся, він виповз на холод і пішов до намету.

Ascoltò attentamente il leggero suono del suo respiro interiore.

Він уважно прислухався до тихого внутрішнього дихання.

Nonostante il profondo amore di Buck per John Thornton, la natura selvaggia sopravvisse.

Незважаючи на глибоку любов Бака до Джона Торнтона, дика природа залишилася живою.

Quell'istinto primitivo, risvegliatosi nel Nord, non scomparve.

Той первісний інстинкт, пробуджений на Півночі, не зник.

L'amore portava devozione, lealtà e il caldo legame attorno al fuoco.

Кохання принесло відданість, вірність та теплий зв'язок біля каміна.

Ma Buck mantenne anche i suoi istinti selvaggi, acuti e sempre all'erta.

Але Бак також зберігав свої дикі інстинкти, гострі та завжди пильні.

Non era solo un animale domestico addomesticato proveniente dalle dolci terre della civiltà.

Він був не просто прирученим домашнім улюбленцем з м'яких земель цивілізації.

Buck era un essere selvaggio che si era seduto accanto al fuoco di Thornton.

Бак був дикуном, який зайшов посидіти біля вогню в Торнтона.

Sembrava un cane del Southland, ma in lui albergava la natura selvaggia.

Він був схожий на собаку з Саутленду, але всередині нього жила дика природа.

Il suo amore per Thornton era troppo grande per permettersi un furto da parte di quell'uomo.
Його любов до Торнтона була надто великою, щоб дозволити йому обкрасти його.
Ma in qualsiasi altro campo ruberebbe con audacia e senza esitazione.
Але в будь-якому іншому таборі він би крав сміливо та без зупинки.
Era così abile nel rubare che nessuno riusciva a catturarlo o accusarlo.
Він був настільки спритним у крадіжці, що ніхто не міг його спіймати чи звинуватити.
Il suo viso e il suo corpo erano coperti di cicatrici dovute a molti combattimenti passati.
Його обличчя та тіло були вкриті шрамами від численних минулих боїв.
Buck continuava a combattere con ferocia, ma ora lo faceva con maggiore astuzia.
Бак все ще люто бився, але тепер він бився з більшою хитрістю.
Skeet e Nig erano troppo docili per combattere, ed erano di Thornton.
Скіт і Ніг були надто ніжні, щоб битися, і вони належали Торнтону.
Ma qualsiasi cane estraneo, non importa quanto forte o coraggioso, cedeva.
Але будь-який дивний собака, яким би сильним чи хоробрим він не був, поступався дорогою.
Altrimenti, il cane si ritrovò a combattere contro Buck, lottando per la propria vita.
Інакше собака опинився в боротьбі з Баком; боровся за своє життя.
Buck non ebbe pietà quando decise di combattere contro un altro cane.
Бак не мав милосердя, коли вирішив битися з іншим собакою.

Aveva imparato bene la legge del bastone e della zanna nel Nord.
Він добре вивчив закон палиці та ікла на Півночі.
Non ha mai rinunciato a un vantaggio e non si è mai tirato indietro dalla battaglia.
Він ніколи не втрачав переваги і ніколи не відступав від битви.
Aveva studiato Spitz e i cani più feroci della polizia e della posta.
Він вивчав Шпіца та найлютіших собак пошти та поліції.
Sapeva chiaramente che non esisteva via di mezzo in un combattimento selvaggio.
Він чітко знав, що в дикій сутичці немає золотої середини.
Doveva governare o essere governato; mostrare misericordia significava mostrare debolezza.
Він мусив правити або бути керованим; виявляти милосердя означало виявляти слабкість.
La pietà era sconosciuta nel mondo crudo e brutale della sopravvivenza.
Милосердя було невідоме у сирому та жорстокому світі виживання.
Mostrare pietà era visto come un atto di paura, e la paura conduceva rapidamente alla morte.
Вияв милосердя сприймався як страх, а страх швидко вів до смерті.
La vecchia legge era semplice: uccidere o essere uccisi, mangiare o essere mangiati.
Старий закон був простий: вбий або будеш убитий, з'їж або будеш з'їдений.
Quella legge proveniva dalle profondità del tempo e Buck la seguì alla lettera.
Той закон прийшов з глибин часів, і Бак дотримувався його неухильно.
Buck era più vecchio dei suoi anni e del numero dei suoi respiri.
Бак був старший за свої роки та кількість вдихів, які він робив.

Collegava in modo chiaro il passato remoto con il momento presente.
Він чітко пов'язав давнє минуле з сучасним моментом.
I ritmi profondi dei secoli si muovevano attraverso di lui come le maree.
Глибокі ритми віків пронизували його, немов припливи та відпливи.
Il tempo pulsava nel suo sangue con la stessa sicurezza con cui le stagioni muovevano la terra.
Час пульсував у його крові так само впевнено, як пори року рухають землю.
Sedeva accanto al fuoco di Thornton, con il petto forte e le zanne bianche.
Він сидів біля вогню в Торнтона, міцногрудий та з білими іклами.
La sua lunga pelliccia ondeggiava, ma dietro di lui lo osservavano gli spiriti dei cani selvatici.
Його довге хутро майоріло, але позаду нього спостерігали духи диких собак.
Lupi mezzi e lupi veri si agitavano nel suo cuore e nei suoi sensi.
Напіввовки та справжні вовки ворушилися в його серці та почуттях.
Assaggiarono la sua carne e bevvero la stessa acqua che bevve lui.
Вони скуштували його м'ясо та випили ту саму воду, що й він.
Annusarono il vento insieme a lui e ascoltarono la foresta.
Вони нюхали вітер поруч із ним і слухали ліс.
Sussurravano il significato dei suoni selvaggi nell'oscurità.
Вони шепотіли значення диких звуків у темряві.
Modellavano il suo umore e guidavano ciascuna delle sue reazioni silenziose.
Вони формували його настрій і керували кожною з його тихих реакцій.
Giacevano accanto a lui mentre dormiva e diventavano parte dei suoi sogni profondi.

Вони лежали з ним, коли він спав, і ставали частиною його глибоких снів.
Sognavano con lui, oltre lui, e costituivano il suo stesso spirito.
Вони мріяли разом з ним, перевершуючи його, і складали саму його душу.
Gli spiriti della natura selvaggia chiamavano con tanta forza che Buck sentì attratto.
Духи дикої природи кликали так сильно, що Бак відчув потяг.
Ogni giorno che passava, l'umanità e le sue rivendicazioni si indebolivano nel cuore di Buck.
З кожним днем людство та його претензії слабшали в серці Бака.
Nel profondo della foresta si stava per udire un richiamo strano ed emozionante.
Глибоко в лісі мав пролунати дивний і хвилюючий поклик.
Ogni volta che sentiva la chiamata, Buck provava un impulso a cui non riusciva a resistere.
Щоразу, коли Бак чув цей дзвінок, він відчував непереборне бажання.
Avrebbe voltato le spalle al fuoco e ai sentieri battuti dagli uomini.
Він збирався відвернутися від вогню та зникнути з второваних людських стежок.
Stava per addentrarsi nella foresta, avanzando senza sapere il perché.
Він збирався пірнути в ліс, рухаючись уперед, не знаючи чому.
Non mise in discussione questa attrazione, perché la chiamata era profonda e potente.
Він не сумнівався в цьому потягу, бо поклик був глибоким і потужним.
Spesso raggiungeva l'ombra verde e la terra morbida e intatta
Часто він досягав зеленої тіні та м'якої недоторканої землі

Ma poi il forte amore per John Thornton lo riportò al fuoco.
Але потім сильне кохання до Джона Торнтона знову потягнуло його до вогню.
Soltanto John Thornton riuscì davvero a tenere stretto il cuore selvaggio di Buck.
Тільки Джон Торнтон по-справжньому тримав у своїх обіймах дике серце Бака.
Per Buck il resto dell'umanità non aveva alcun valore o significato duraturo.
Решта людства не мала для Бака жодної тривалої цінності чи сенсу.
Gli sconosciuti potrebbero lodarlo o accarezzargli la pelliccia con mani amichevoli.
Незнайомці можуть хвалити його або дружньо гладити його хутро.
Buck rimase impassibile e se ne andò per eccesso di affetto.
Бак залишився незворушним і пішов геть від надмірної ласки.
Hans e Pete arrivarono con la zattera che era stata attesa a lungo
Ганс і Піт прибули з плотом, якого так довго чекали.
Buck li ignorò finché non venne a sapere che erano vicini a Thornton.
Бак ігнорував їх, доки не дізнався, що вони близько до Торнтона.
Da allora in poi li tollerò, ma non dimostrò mai loro tutto il suo calore.
Після цього він терпів їх, але ніколи не виявляв до них повної теплоти.
Accettava da loro cibo o gentilezza come se volesse fare loro un favore.
Він брав від них їжу чи ласкаві послуги, ніби роблячи їм послугу.
Erano come Thornton: semplici, onesti e lucidi nei pensieri.
Вони були схожі на Торнтона — прості, чесні та з ясними думками.

Tutti insieme viaggiarono verso la segheria di Dawson e il grande vortice
Усі разом вони вирушили до лісопилки Доусона та до великого виру.
Nel corso del loro viaggio impararono a comprendere profondamente la natura di Buck.
Під час своєї подорожі вони навчилися глибоко розуміти природу Бака.
Non cercarono di avvicinarsi come avevano fatto Skeet e Nig.
Вони не намагалися зблизитися, як це зробили Скіт та Ніг.
Ma l'amore di Buck per John Thornton non fece che aumentare con il tempo.
Але любов Бака до Джона Торнтона з часом лише поглиблювалася.
Solo Thornton poteva mettere uno zaino sulla schiena di Buck durante l'estate.
Тільки Торнтон міг покласти клуню на спину Бака влітку.
Buck era disposto a eseguire senza riserve qualsiasi ordine impartito da Thornton.
Що б не наказав Торнтон, Бак був готовий виконати сповна.
Un giorno, dopo aver lasciato Dawson per le sorgenti del Tanana,
Одного дня, після того як вони вирушили з Доусона до верхів'їв Танани,
il gruppo era seduto su una rupe che scendeva per un metro fino a raggiungere la nuda roccia.
Група сиділа на скелі, що спускалася на три фути до голої скелі.
John Thornton si sedette vicino al bordo e Buck si riposò accanto a lui.
Джон Торнтон сидів біля краю, а Бак відпочивав поруч із ним.
Thornton ebbe un'idea improvvisa e richiamò l'attenzione degli uomini.

Торнтона раптом осяяла думка, і він звернув увагу чоловіків.

Indicò l'altro lato del baratro e diede a Buck un unico comando.

Він показав через прірву і дав Баку одну команду.

"Salta, Buck!" disse, allungando il braccio oltre il precipizio.

«Стрибай, Баку!» — сказав він, простягаючи руку через обрив.

Un attimo dopo dovette afferrare Buck, che stava saltando per obbedire.

За мить йому довелося схопити Бака, який кинувся слухатися.

Hans e Pete si precipitarono in avanti e tirarono entrambi indietro per metterli in salvo.

Ганс і Піт кинулися вперед і відтягли обох назад у безпечне місце.

Dopo che tutto fu finito e che ebbero ripreso fiato, Pete prese la parola.

Після того, як усе закінчилося, і вони перевели подих, Піт заговорив.

«È un amore straordinario», disse, scosso dalla feroce devozione del cane.

«Це кохання неймовірне», — сказав він, вражений палкою відданістю собаки.

Thornton scosse la testa e rispose con calma e serietà.

Торнтон похитав головою та відповів зі спокійною серйозністю.

«No, l'amore è splendido», disse, «ma anche terribile».

«Ні, кохання чудове, — сказав він, — але водночас жахливе».

"A volte, devo ammetterlo, questo tipo di amore mi fa paura."

«Іноді, мушу визнати, таке кохання мене лякає».

Pete annuì e disse: "Mi dispiacerebbe tanto essere l'uomo che ti tocca".

Піт кивнув і сказав: «Я б не хотів бути тим чоловіком, який тебе торкнеться».

Mentre parlava, guardava Buck con aria seria e piena di rispetto.
Говорячи, він дивився на Бака серйозно та сповнено поваги.

"Py Jingo!" esclamò Hans in fretta. "Neanch'io, no signore."
— Пі Джинго! — швидко сказав Ганс. — Я теж, ні, сер.

Prima che finisse l'anno, i timori di Pete si avverarono a Circle City.
Ще до кінця року побоювання Піта справдилися в Серкл-Сіті.

Un uomo crudele di nome Black Burton attaccò una rissa nel bar.
Жорстокий чоловік на ім'я Блек Бертон влаштував бійку в барі.

Era arrabbiato e cattivo, e si scagliava contro un novellino.
Він був розлючений і злісний, накинувшись на нового новачка.

John Thornton intervenne, calmo e bonario come sempre.
Джон Торнтон увійшов у гру, спокійний і добродушний, як завжди.

Buck giaceva in un angolo, con la testa bassa, e osservava Thornton attentamente.
Бак лежав у кутку, опустивши голову, уважно спостерігаючи за Торнтоном.

Burton colpì all'improvviso e il suo pugno fece girare Thornton.
Бертон раптово завдав удару, від якого Торнтона аж обернулося.

Solo la ringhiera della sbarra gli impedì di cadere violentemente a terra.
Лише поручні перекладини врятували його від сильного падіння на землю.

Gli osservatori hanno sentito un suono che non era un abbaio o un guaito
Спостерігачі почули звук, який не був гавкотом чи вереском

Buck emise un profondo ruggito mentre si lanciava verso l'uomo.
Бак видав глибокий рев, кидаючись до чоловіка.
Burton alzò il braccio e per poco non si salvò la vita.
Бертон підняв руку і ледве врятував власне життя.
Buck si schiantò contro di lui, facendolo cadere a terra.
Бак врізався в нього, збивши його на підлогу.
Buck gli diede un morso profondo al braccio, poi si lanciò alla gola.
Бак глибоко вкусив чоловіка за руку, а потім кинувся до горла.
Burton riuscì a parare solo in parte e il suo collo fu squarciato.
Бертон зміг лише частково заблокувати м'яч, і його шия була розірвана.
Gli uomini si precipitarono dentro, brandendo i manganelli e allontanarono Buck dall'uomo sanguinante.
Чоловіки кинулися всередину з піднятими кийками та відігнали Бака від стікаючих кров'ю людей.
Un chirurgo ha lavorato rapidamente per impedire che il sangue fuoriuscisse.
Хірург швидко взявся за справу, щоб зупинити витік крові.
Buck camminava avanti e indietro ringhiando, tentando di attaccare ancora e ancora.
Бак ходив туди-сюди та гарчав, намагаючись атакувати знову і знову.
Soltanto i bastoni oscillanti gli impedirono di raggiungere Burton.
Тільки розгойдування кийків завадило йому дістатися до Бертона.
Proprio lì, sul posto, venne convocata una riunione dei minatori.
Збори шахтарів були скликані та проведені прямо на місці.
Concordarono sul fatto che Buck era stato provocato e votarono per liberarlo.

Вони погодилися, що Бака спровокували, і проголосували за його звільнення.

Ma il nome feroce di Buck risuonava ormai in ogni accampamento dell'Alaska.

Але люте ім'я Бака тепер лунуло в кожному таборі Аляски.

Più tardi, quello stesso autunno, Buck salvò Thornton di nuovo in un modo nuovo.

Пізніше тієї ж осені Бак знову врятував Торнтона новим способом.

I tre uomini stavano guidando una lunga barca lungo delle rapide impetuose.

Троє чоловіків вели довгий човен бурхливими порогами.

Thornton manovrava la barca, gridando indicazioni per raggiungere la riva.

Торнтон керував човном, вигукуючи вказівки щодо шляху до берегової лінії.

Hans e Pete correvano sulla terraferma, tenendo una corda da un albero all'altro.

Ганс і Піт бігли по суші, тримаючи мотузку, перетягнуту від дерева до дерева.

Buck procedeva a passo d'uomo sulla riva, tenendo sempre d'occhio il suo padrone.

Бак не відставав від берега, незмінно спостерігаючи за своїм господарем.

In un punto pericoloso, delle rocce sporgevano dall'acqua veloce.

В одному неприємному місці скелі стирчали з-під швидкої води.

Hans lasciò andare la cima e Thornton tirò la barca verso la larghezza.

Ганс відпустив мотузку, і Торнтон широко спрямував човен.

Hans corse a percorrerla di nuovo, superando le pericolose rocce.

Ганс побіг, щоб знову наздогнати човен, пропливши за небезпечні скелі.

La barca superò la sporgenza ma trovò una corrente più forte.
Човен обійшов виступ, але вдарився об сильнішу частину течії.
Hans afferrò la cima troppo velocemente e fece perdere l'equilibrio alla barca.
Ганс занадто швидко схопив мотузку і вибив човен з рівноваги.
La barca si capovolse e sbatté contro la riva, con la parte inferiore rivolta verso l'alto.
Човен перекинувся і вдарився об берег днищем догори дном.
Thornton venne scaraventato fuori e trascinato nella parte più selvaggia dell'acqua.
Торнтона викинуло на берег і змило в найбурхливішу частину води.
Nessun nuotatore sarebbe sopravvissuto in quelle acque pericolose e pericolose.
Жоден плавець не зміг би вижити в цих смертельних, швидкісних водах.
Buck si lanciò all'istante e inseguì il suo padrone lungo il fiume.
Бак миттєво стрибнув і погнався за своїм господарем униз по річці.
Dopo trecento metri finalmente raggiunse Thornton.
Через триста ярдів він нарешті дістався Торнтона.
Thornton afferrò la coda di Buck, e Buck si diresse verso la riva.
Торнтон схопив Бака за хвіст, і Бек повернув до берега.
Nuotò con tutte le sue forze, lottando contro la forte resistenza dell'acqua.
Він плив щосили, борючись із шаленим опором води.
Si spostarono verso valle più velocemente di quanto riuscissero a raggiungere la riva.
Вони рухалися за течією швидше, ніж могли дістатися до берега.

Più avanti, il fiume ruggiva più forte, precipitando in rapide mortali.
Попереду річка ревела голосніше, впадаючи у смертельні пороги.
Le rocce fendevano l'acqua come i denti di un enorme pettine.
Камені розсікали воду, немов зубці величезного гребінця.
La forza di attrazione dell'acqua nei pressi del dislivello era selvaggia e ineluttabile.
Потяг води біля краю був шаленим і неминучим.
Thornton sapeva che non sarebbero mai riusciti a raggiungere la riva in tempo.
Торнтон знав, що вони ніколи не зможуть вчасно дістатися берега.
Raschiò una roccia, ne sbatté una seconda,
Він шкрябав об один камінь, розбивався об другий,
Poi si schiantò contro una terza roccia, afferrandola con entrambe le mani.
А потім він врізався в третій камінь, схопившись за нього обома руками.
Lasciò andare Buck e urlò sopra il ruggito: "Vai, Buck! Vai!"
Він відпустив Бака й крикнув крізь рев: «Вперед, Баку! Вперед!»
Buck non riuscì a restare a galla e fu trascinato dalla corrente.
Бак не зміг втриматися на плаву і його знесло течією.
Lottò con tutte le sue forze, cercando di girarsi, ma non fece alcun progresso.
Він щосили боровся, намагаючись повернутись, але зовсім не просунувся вперед.
Poi sentì Thornton ripetere il comando sopra il fragore del fiume.
Потім він почув, як Торнтон повторив команду крізь рев річки.
Buck si impennò fuori dall'acqua e sollevò la testa come per dare un'ultima occhiata.

Бак виринув з води, підняв голову, ніби востаннє глянувши.

poi si voltò e obbedì, nuotando verso la riva con risolutezza.
потім повернувся і послухався, рішуче попливши до берега.

Pete e Hans lo tirarono a riva all'ultimo momento possibile.
Піт і Ганс витягли його на берег в останню мить.

Sapevano che Thornton avrebbe potuto aggrapparsi alla roccia solo per pochi minuti.
Вони знали, що Торнтон зможе триматися за скелю лише кілька хвилин.

Corsero su per la riva fino a un punto molto più in alto rispetto al punto in cui lui era appeso.
Вони побігли берегом до місця високо над тим місцем, де він висів.

Legarono con cura la cima della barca al collo e alle spalle di Buck.
Вони обережно прив'язали човенну мотузку до шиї та плечей Бака.

La corda era stretta ma abbastanza larga da permettere di respirare e muoversi.
Мотузка була щільно прилягаючою, але достатньо вільною для дихання та руху.

Poi lo gettarono di nuovo nel fiume impetuoso e mortale.
Потім вони знову скинули його у стрімку, смертельну річку.

Buck nuotò coraggiosamente ma non riuscì a prendere l'angolazione giusta per affrontare la forza della corrente.
Бак сміливо плив, але не потрапив під свій кут у сильну течію.

Si accorse troppo tardi che stava per superare Thornton.
Він надто пізно зрозумів, що проїде повз Торнтона.

Hans tirò forte la corda, come se Buck fosse una barca che si capovolge.
Ганс смикнув мотузку, ніби Бак був човном, що перекидається.

La corrente lo trascinò sott'acqua e lui scomparve sotto la superficie.
Течія потягнула його під воду, і він зник під поверхнею.
Il suo corpo colpì la riva prima che Hans e Pete lo tirassero fuori.
Його тіло вдарилося об берег, перш ніж Ганс і Піт витягли його.
Era mezzo annegato e gli tolsero l'acqua dal corpo.
Він наполовину потонув, і вони викачали з нього воду.
Buck si alzò, barcollò e crollò di nuovo a terra.
Бак підвівся, похитнувся і знову впав на землю.
Poi udirono la voce di Thornton portata debolmente dal vento.
Потім вони почули голос Торнтона, ледь чутний вітром.
Sebbene le parole non fossero chiare, sapevano che era vicino alla morte.
Хоча слова були незрозумілими, вони знали, що він близький до смерті.
Il suono della voce di Thornton colpì Buck come una scossa elettrica.
Звук голосу Торнтона вдарив Бака, немов електричний розряд.
Saltò in piedi e corse su per la riva, tornando al punto di partenza.
Він схопився та побіг угору по берегу, повертаючись до місця старту.
Legarono di nuovo la corda a Buck, e di nuovo lui entrò nel fiume.
Знову вони прив'язали Бака мотузкою, і він знову увійшов у струмок.
Questa volta nuotò direttamente e con decisione nell'acqua impetuosa.
Цього разу він плив прямо та рішуче у стрімку воду.
Hans lasciò scorrere la corda con regolarità, mentre Pete impediva che si aggrovigliasse.
Ганс повільно відпускав мотузку, поки Піт не давав їй заплутатися.

Buck nuotò con forza finché non si trovò allineato appena sopra Thornton.

Бак щосили плив, аж поки не опинився трохи вище Торнтона.

Poi si voltò e si lanciò verso di lui come un treno a tutta velocità.

Потім він розвернувся і помчав униз, немов поїзд на повній швидкості.

Thornton lo vide arrivare, si preparò e gli abbracciò il collo.

Торнтон побачив його наближення, приготувався і обійняв його за шию.

Hans legò saldamente la corda attorno a un albero mentre entrambi venivano tirati sott'acqua.

Ганс міцно прив'язав мотузку до дерева, коли обох потягнуло під землю.

Caddero sott'acqua, schiantandosi contro rocce e detriti del fiume.

Вони котилися під воду, розбиваючись об каміння та річкове уламки.

Un attimo prima Buck era in cima e un attimo dopo Thornton si alzava ansimando.

В одну мить Бак був зверху, а в наступну Торнтон підвівся, задихаючись.

Malconci e soffocati, si diressero verso la riva e si misero in salvo.

Побиті та задихаючись, вони звернули до берега та безпечного місця.

Thornton riprese conoscenza mentre era sdraiato su un tronco alla deriva.

Торнтон прийшов до тями, лежачи на заплавній колоді.

Hans e Pete lavorarono duramente per riportarlo a respirare e a vivere.

Ганс і Піт наполегливо працювали, щоб повернути йому дихання та життя.

Il suo primo pensiero fu per Buck, che giaceva immobile e inerte.

Його перша думка була про Бака, який лежав нерухомо та безсило.
Nig ululò sul corpo di Buck e Skeet gli leccò delicatamente il viso.
Ніг завив над тілом Бака, а Скіт ніжно облизав його обличчя.
Thornton, dolorante e contuso, esaminò Buck con mano attenta.
Торнтон, весь у синцях і боляче на тілі, обережно оглянув Бака.
Ha trovato tre costole rotte, ma il cane non presentava ferite mortali.
Він виявив у собаки три зламані ребра, але смертельних ран не було.
"Questo è tutto", disse Thornton. "Ci accamperemo qui". E così fecero.
«Це вирішує питання», — сказав Торнтон. «Ми тут таборуємо». І вони так і зробили.
Rimasero lì finché le costole di Buck non guarirono e lui poté di nuovo camminare.
Вони залишалися, поки ребра Бака не загоїлися, і він знову не зміг ходити.

Quell'inverno Buck compì un'impresa che accrebbe ulteriormente la sua fama.
Тієї зими Бак здійснив подвиг, який ще більше підняв його славу.
Fu un gesto meno eroico del salvataggio di Thornton, ma altrettanto impressionante.
Це було менш героїчно, ніж порятунок Торнтона, але так само вражаюче.
A Dawson, i soci avevano bisogno di provviste per un viaggio lontano.
У Доусоні партнерам потрібні були припаси для далекої подорожі.
Volevano viaggiare verso est, in terre selvagge e incontaminate.

Вони хотіли подорожувати на Схід, у недоторкані дикі землі.

Quel viaggio fu possibile grazie all'impresa compiuta da Buck nell'Eldorado Saloon.

Вчинок Бака в салуні Ельдорадо зробив цю поїздку можливою.

Tutto cominciò con degli uomini che si vantavano dei loro cani bevendo qualcosa.

Все почалося з того, що чоловіки вихвалялися своїми собаками за випивкою.

La fama di Buck lo rese bersaglio di sfide e dubbi.

Слава Бака зробила його мішенню для викликів та сумнівів.

Thornton, fiero e calmo, rimase fermo nel difendere il nome di Buck.

Торнтон, гордий і спокійний, твердо стояв на захисті імені Бака.

Un uomo ha affermato che il suo cane riusciva a trainare facilmente duecentocinquanta chili.

Один чоловік сказав, що його собака може легко потягнути п'ятсот фунтів.

Un altro disse seicento, e un terzo si vantò di settecento.

Інший сказав шістсот, а третій похвалився сімсот.

"Pfft!" disse John Thornton, "Buck può trainare una slitta da mille libbre."

«Пфф!» — сказав Джон Торнтон. — «Бак може тягнути сани вагою в тисячу фунтів».

Matthewson, un Bonanza King, si sporse in avanti e lo sfidò.

Метьюсон, король Бонанзи, нахилився вперед і кинув йому виклик.

"Pensi che possa spostare tutto quel peso?"

«Ти думаєш, що він може привести в рух таку велику вагу?»

"E pensi che riesca a sollevare il peso per cento metri?"

«І ти думаєш, що він зможе протягнути цю вагу на цілих сто ярдів?»

Thornton rispose freddamente: "Sì. Buck è abbastanza cane da farlo."

Торнтон холоднокровно відповів: «Так. Бак достатньо хороший пес, щоб це зробити».

"Metterà in moto mille libbre e la tirerà per cento metri."

«Він змусить рухатися тисячу фунтів і потягне його на сто ярдів».

Matthewson sorrise lentamente e si assicurò che tutti gli uomini udissero le sue parole.

Метьюсон повільно посміхнувся і переконався, що всі чоловіки почули його слова.

"Ho mille dollari che dicono che non può. Eccoli."

«У мене є тисяча доларів, які говорять, що він не зможе. Ось вона».

Sbatté sul bancone un sacco di polvere d'oro grande quanto una salsiccia.

Він грюкнув мішечком золотого пилу завбільшки з ковбасу по барній стійці.

Nessuno disse una parola. Il silenzio si fece pesante e teso intorno a loro.

Ніхто не промовив ні слова. Тиша навколо них ставала все важчою та напруженішою.

Il bluff di Thornton, se mai lo fu, era stato preso sul serio.

Торнтонов блеф — якщо це був блеф — сприйняли серйозно.

Sentì il calore salirgli al viso mentre il sangue gli affluiva alle guance.

Він відчув, як жар піднімається до його обличчя, кров прилила до щік.

In quel momento la sua lingua aveva preceduto la ragione.

У ту мить його язик випередив розум.

Non sapeva davvero se Buck sarebbe riuscito a spostare mille libbre.

Він справді не знав, чи зможе Бак зрушити з місця тисячу фунтів.

Mezza tonnellata! Solo la sua mole gli faceva sentire il cuore pesante.

Півтонни! Вже сам його розмір стиснув йому серце.
Aveva fiducia nella forza di Buck e lo riteneva capace.
Він вірив у силу Бака і вважав його здатним.
Ma non aveva mai affrontato una sfida di questo tipo, non in questo modo.
Але він ніколи не стикався з таким викликом, не з таким.
Una dozzina di uomini lo osservavano in silenzio, in attesa di vedere cosa avrebbe fatto.
Десяток чоловіків мовчки спостерігали за ним, чекаючи, що він зробить.
Lui non aveva i soldi, e nemmeno Hans e Pete.
У нього не було грошей — як і в Ганса, чи в Піта.
"Ho una slitta fuori", disse Matthewson in modo freddo e diretto.
«У мене надворі сани», — холодно та прямо сказав Метьюсон.
"È carico di venti sacchi, da cinquanta libbre ciascuno, tutti di farina.
«Він завантажений двадцятьма мішками, по п'ятдесят фунтів кожен, все борошно.
Quindi non lasciare che la scomparsa della slitta diventi la tua scusa", ha aggiunto.
Тож не дозволяйте зниклим саням бути вашим виправданням зараз, – додав він.
Thornton rimase in silenzio. Non sapeva che parole dire.
Торнтон мовчав. Він не знав, які слова сказати.
Guardò i volti intorno a sé senza vederli chiaramente.
Він озирнувся на обличчя, не розгледівши їх чітко.
Sembrava un uomo immerso nei suoi pensieri, che cercava di ripartire.
Він виглядав як людина, завмерла в думках і намагається почати все заново.
Poi incontrò Jim O'Brien, un amico dei tempi dei Mastodon.
Потім він побачив Джима О'Браєна, друга ще з часів мастодонтів.
Quel volto familiare gli diede un coraggio che non sapeva di avere.

Це знайоме обличчя додало йому сміливості, про яку він і не знав.

Si voltò e chiese a bassa voce: "Puoi prestarmi mille dollari?"

Він повернувся і тихо запитав: «Чи можете ви позичити мені тисячу?»

"Certo", disse O'Brien, lasciando cadere un pesante sacco vicino all'oro.

«Звичайно», — сказав О'Браєн, вже кидаючи важкий мішок біля золота.

"Ma sinceramente, John, non credo che la bestia possa fare questo."

«Але, чесно кажучи, Джоне, я не вірю, що звір може це зробити».

Tutti quelli presenti all'Eldorado Saloon si precipitarono fuori per assistere all'evento.

Усі в салуні «Ельдорадо» вибігли надвір, щоб подивитися на подію.

Lasciarono tavoli e bevande e perfino le partite furono sospese.

Вони залишили столи та напої, і навіть ігри були призупинені.

Croupier e giocatori accorsero per assistere alla conclusione di questa audace scommessa.

Дилери та гравці прийшли, щоб подивитися на кінець сміливої ставки.

Centinaia di persone si radunarono attorno alla slitta sulla strada ghiacciata.

Сотні людей зібралися навколо саней на крижаній відкритій вулиці.

La slitta di Matthewson era carica di un carico completo di sacchi di farina.

Сани Метьюсона стояли, повні мішків борошна.

La slitta era rimasta ferma per ore a temperature sotto lo zero.

Сани простояли годинами за мінусової температури.

I pattini della slitta erano congelati e incollati alla neve compatta.

Полозья саней міцно примерзли до утрамбованого снігу.
Gli uomini scommettevano due a uno che Buck non sarebbe riuscito a spostare la slitta.
Чоловіки поставили два до одного на те, що Бак не зможе зрушити сани.
Scoppiò una disputa su cosa significasse realmente "break out".
Виникла суперечка щодо того, що насправді означає слово «вирватися».
O'Brien ha affermato che Thornton dovrebbe allentare la base ghiacciata della slitta.
О'Браєн сказав, що Торнтон має розпушити замерзлу основу саней.
Buck potrebbe quindi "rompere" una partenza solida e immobile.
Тоді Бак міг «вирватися» з твердого, нерухомого старту.
Matthewson sosteneva che anche il cane doveva liberare i corridori.
Метьюсон стверджував, що собака також має звільнити бігунів.
Gli uomini che avevano sentito la scommessa concordavano con Matthewson.
Чоловіки, які чули про парі, погодилися з точкою зору Метьюсона.
Con questa sentenza, le probabilità contro Buck salirono a tre a uno.
З цим рішенням шанси зросли до трьох до одного проти Бака.
Nessuno si fece avanti per accettare le crescenti quote di tre a uno.
Ніхто не зробив крок вперед, щоб скористатися зростаючими шансами три до одного.
Nessuno credeva che Buck potesse compiere la grande impresa.
Жоден чоловік не вірив, що Бак здатний на такий великий подвиг.
Thornton era stato spinto a scommettere, pieno di dubbi.

Торнтона, обтяженого сумнівами, поспішно втягнули в цю парі.
Ora guardava la slitta e la muta di dieci cani accanto ad essa.
Тепер він подивився на сани та упряжку з десяти собак поруч.
Vedere la realtà del compito lo faceva sembrare ancora più impossibile.
Бачачи реальність завдання, воно здавалося ще більш неможливим.
In quel momento Matthewson era pieno di orgoglio e sicurezza.
У той момент Меттьюсон був сповнений гордості та впевненості.
"Tre a uno!" urlò. "Ne scommetto altri mille, Thornton!
«Три до одного!» — крикнув він. — «Ставлю ще тисячу, Торнтоне!»
"Cosa dici?" aggiunse, abbastanza forte da farsi sentire da tutti.
— Що скажеш? — додав він достатньо голосно, щоб усі почули.
Il volto di Thornton esprimeva i suoi dubbi, ma il suo spirito era sollevato.
Обличчя Торнтона виражало сумніви, але його дух піднявся.
Quello spirito combattivo ignorava le avversità e non temeva nulla.
Цей бойовий дух ігнорував труднощі та нічого не боявся.
Chiamò Hans e Pete perché portassero tutti i loro soldi al tavolo.
Він зателефонував Гансу та Піту, щоб ті принесли всі свої гроші до столу.
Non gli era rimasto molto altro: solo duecento dollari in tutto.
У них залишилося мало що — лише двісті доларів разом.
Questa piccola somma costituiva la loro intera fortuna nei momenti difficili.
Ця невелика сума була їхнім повним статком у важкі часи.

Ciononostante puntarono tutta la loro fortuna contro la scommessa di Matthewson.
Однак вони поставили весь статок на ставку Метьюсона.
La muta composta da dieci cani venne sganciata e allontanata dalla slitta.
Десятисобача упряжка була відпряжена та відійшла від саней.
Buck venne messo alle redini, indossando la sua consueta imbracatura.
Бака посадили за віжки, одягнувши свою звичну упряж.
Aveva colto l'energia della folla e ne aveva percepito la tensione.
Він вловив енергію натовпу та відчув напругу.
In qualche modo sapeva che doveva fare qualcosa per John Thornton.
Якимось чином він знав, що має щось зробити для Джона Торнтона.
La gente mormorava ammirata di fronte alla figura fiera del cane.
Люди захоплено шепотіли, дивлячись на горду постать собаки.
Era magro e forte, senza un solo grammo di carne in più.
Він був худий і міцний, без жодної зайвої унції плоті.
Il suo peso di centocinquanta chili era sinonimo di potenza e resistenza.
Його повна вага в сто п'ятдесят фунтів була суцільною силою та витривалістю.
Il mantello di Buck brillava come la seta, denso di salute e forza.
Шуба Бака блищала, як шовк, густа від здоров'я та сили.
La pelliccia sul collo e sulle spalle sembrava sollevarsi e drizzarsi.
Хутро на його шиї та плечах ніби дибки стало й щетиною.
La sua criniera si muoveva leggermente, ogni capello era animato dalla sua grande energia.
Його грива ледь помітно ворухнулася, кожна волосинка ожила від його величезної енергії.

Il suo petto ampio e le sue gambe forti si sposavano bene con la sua corporatura pesante e robusta.
Його широкі груди та міцні ноги відповідали його важкій, міцній статурі.

I muscoli si tesero sotto il cappotto, tesi e sodi come ferro legato.
М'язи напружувалися під його пальто, напружені та тверді, як скуте залізо.

Gli uomini lo toccavano e giuravano che era fatto come una macchina d'acciaio.
Чоловіки торкалися його й клялися, що він був збудований, як сталева машина.

Le probabilità contro il grande cane sono scese leggermente a due a uno.
Шанси трохи знизилися до двох до одного проти великого пса.

Un uomo dei banchi di Skookum si fece avanti balbettando.
Чоловік зі Скукумських лавок просунувся вперед, затинаючись.

"Bene, signore! Offro ottocento per lui... prima della prova, signore!"
«Добре, сер! Пропоную за нього вісімсот… до випробування, сер!»

"Ottocento, così com'è adesso!" insistette l'uomo.
«Вісімсот, як він зараз стоїть!» — наполягав чоловік.

Thornton fece un passo avanti, sorrise e scosse la testa con calma.
Торнтон ступив уперед, посміхнувся та спокійно похитав головою.

Matthewson intervenne rapidamente con tono ammonitore e aggrottando la fronte.
Меттьюсон швидко втрутився попереджувальним голосом і насупився.

"Devi allontanarti da lui", disse. "Dagli spazio."
«Ти мусиш відійти від нього подалі», — сказав він. «Дай йому простір».

La folla tacque; solo i giocatori continuavano a offrire due a uno.
Натовп замовк; лише гравці все ще ставили два до одного.
Tutti ammiravano la corporatura di Buck, ma il carico sembrava troppo pesante.
Усі захоплювалися статурою Бака, але вантаж виглядав занадто великим.
Venti sacchi di farina, ciascuno del peso di cinquanta libbre, sembravano decisamente troppi.
Двадцять мішків борошна — кожен вагою п'ятдесят фунтів — здалися занадто великими.
Nessuno era disposto ad aprire la borsa e a rischiare i propri soldi.
Ніхто не бажав відкривати гаманець і ризикувати грошима.
Thornton si inginocchiò accanto a Buck e gli prese la testa tra entrambe le mani.
Торнтон став навколішки поруч із Баком і взяв його голову обома руками.
Premette la guancia contro quella di Buck e gli parlò all'orecchio.
Він притиснувся щокою до Бакової і промовив йому на вухо.
Non c'erano più né scossoni giocosi né insulti affettuosi sussurrati.
Тепер не було жодного грайливого тряски чи шепоту любовних образ.
Mormorò solo dolcemente: "Quanto mi ami, Buck."
Він лише тихо пробурмотів: «Як би ти мене не любив, Баку».
Buck emise un gemito sommesso, trattenendo a stento la sua impazienza.
Бак тихо заскиглив, ледве стримуючи своє нетерпіння.
Gli astanti osservavano con curiosità la tensione che aleggiava nell'aria.
Очільники з цікавістю спостерігали, як повітря наповнювало напруження.

Quel momento sembrava quasi irreale, qualcosa che trascendeva la ragione.
Цей момент здавався майже нереальним, ніби щось поза межами розумного.
Quando Thornton si alzò, Buck gli prese delicatamente la mano tra le fauci.
Коли Торнтон підвівся, Бак обережно взяв його руку в щелепи.
Premette con i denti, poi lasciò andare lentamente e delicatamente.
Він натиснув зубами, а потім повільно та обережно відпустив.
Fu una risposta silenziosa d'amore, non detta, ma compresa.
Це була мовчазна відповідь кохання, не висловлена, а зрозуміла.
Thornton si allontanò di molto dal cane e diede il segnale.
Торнтон відійшов далеко від собаки та подав знак.
"Ora, Buck", disse, e Buck rispose con calma concentrata.
«Ну ж бо, Баку», — сказав він, і Бак відповів зосередженим спокійним тоном.
Buck tese le corde, poi le allentò di qualche centimetro.
Бак спочатку затягнув мотузки, а потім послабив їх на кілька дюймів.
Questo era il metodo che aveva imparato; il suo modo per rompere la slitta.
Це був метод, який він вивчив; його спосіб зламати сани.
"Caspita!" urlò Thornton, con voce acuta nel silenzio pesante.
«Гей!» — крикнув Торнтон різким голосом у важкій тиші.
Buck si girò verso destra e si lanciò con tutto il suo peso.
Бак повернувся праворуч і зробив ривок щосили.
Il gioco svanì e tutta la massa di Buck colpì le timonerie strette.
Провисання зникло, і Бак усією своєю вагою вдарився об вузькі траси.
La slitta tremò e i pattini produssero un suono secco e scoppiettante.

Сани затремтіли, а полозки видали хрусткий тріск.
"Haw!" ordinò Thornton, cambiando di nuovo direzione a Buck.
«Гау!» — скомандував Торнтон, знову змінюючи напрямок Бака.
Buck ripeté la mossa, questa volta tirando bruscamente verso sinistra.
Бак повторив рух, цього разу різко потягнувши ліворуч.
La slitta scricchiolava più forte, i pattini schioccavano e si spostavano.
Сани тріщали голосніше, полозки клацали та зсувалися.
Il pesante carico scivolò leggermente di lato sulla neve ghiacciata.
Важкий вантаж трохи ковзав боком по замерзлому снігу.
La slitta si era liberata dalla presa del sentiero ghiacciato!
Санки вирвалися з обіймів крижаної стежки!
Gli uomini trattennero il respiro, inconsapevoli di non stare nemmeno respirando.
Чоловіки затамували подих, навіть не усвідомлюючи, що вони не дихають.
"Ora, TIRA!" gridò Thornton nel silenzio glaciale.
«А тепер, ТЯГНІТЬ!» — крикнув Торнтон крізь крижану тишу.
Il comando di Thornton risuonò netto, come lo schiocco di una frusta.
Команда Торнтона пролунала різко, немов клацання батога.
Buck si lanciò in avanti con un affondo violento e violento.
Бак кинувся вперед лютим та різким випадом.
Tutto il suo corpo si irrigidì e si contrasse sotto l'enorme sforzo.
Все його тіло напружилося та стиснулося від величезного навантаження.
I muscoli si muovevano sotto la pelliccia come serpenti che prendevano vita.
М'язи напружувалися під його хутром, немов оживаючі змії.

Il suo grande petto era basso e la testa era protesa in avanti verso la slitta.
Його пишні груди були низькими, голова витягнута вперед, до саней.
Le sue zampe si muovevano come fulmini e gli artigli fendevano il terreno ghiacciato.
Його лапи рухалися, мов блискавка, кігті розсікали замерзлу землю.
I solchi erano profondi mentre lottava per ogni centimetro di trazione.
Канавки були глибокими, поки він боровся за кожен сантиметр зчеплення.
La slitta ondeggiò, tremò e cominciò a muoversi lentamente e in modo inquieto.
Санки захиталися, затремтіли й почали повільний, неспокійний рух.
Un piede scivolò e un uomo tra la folla gemette ad alta voce.
Одна нога послизнулася, і чоловік у натовпі голосно застогнав.
Poi la slitta si lanciò in avanti con un movimento brusco e a scatti.
Потім сани різко, різко помчали вперед.
Non si fermò più: mezzo pollice...un pollice...cinque pollici in più.
Воно знову не зупинилося — півдюйма... дюйм... ще два дюйми.
Gli scossoni si fecero più lievi man mano che la slitta cominciava ad acquistare velocità.
Ривок стихав, коли сани почали набирати швидкість.
Presto Buck cominciò a tirare con una potenza fluida e uniforme.
Невдовзі Бак тягнув з плавною, рівномірною, кочливою силою.
Gli uomini sussultarono e finalmente si ricordarono di respirare di nuovo.
Чоловіки ахнули і нарешті згадали знову дихати.

Non si erano accorti che il loro respiro si era fermato per lo stupore.
Вони не помітили, як у них перехопило подих від благоговіння.

Thornton gli corse dietro, gridando comandi brevi e allegri.
Торнтон біг позаду, вигукуючи короткі, бадьорі команди.

Davanti a noi c'era una catasta di legna da ardere che segnava la distanza.
Попереду була купа дров, яка позначала відстань.

Mentre Buck si avvicinava al mucchio, gli applausi diventavano sempre più forti.
Коли Бак наближався до купи, оплески ставали дедалі голоснішими.

Gli applausi crebbero fino a diventare un boato quando Buck superò il traguardo.
Огуки переросли в рев, коли Бак минув кінцеву точку.

Gli uomini saltarono e gridarono, perfino Matthewson sorrise.
Чоловіки підстрибували та кричали, навіть Метьюсон розплився в усмішці.

I cappelli volavano in aria e i guanti venivano lanciati senza pensarci o mirare.
Капелюхи злітали в повітря, рукавиці жбурляли без роздумів і мети.

Gli uomini si afferrarono e si strinsero la mano senza sapere chi.
Чоловіки схопилися один за одного й потиснули руки, не знаючи кому.

Tutta la folla era in delirio, in un tripudio di gioia e di entusiasmo.
Весь натовп гудів у шаленому, радісному святкуванні.

Thornton cadde in ginocchio accanto a Buck con le mani tremanti.
Торнтон тремтячими руками опустився на коліна поруч із Баком.

Premette la testa contro quella di Buck e lo scosse delicatamente avanti e indietro.

Він притиснув голову до Бака і легенько похитав його туди-сюди.

Chi si avvicinava lo sentiva maledire il cane con amore silenzioso.

Ті, хто підходив, чули, як він тихо проклинав собаку.

Imprecò a lungo contro Buck, con dolcezza, calore, emozione.

Він довго лаявся на Бака — тихо, тепло, зворушено.

"Bene, signore! Bene, signore!" esclamò di corsa il re della panchina di Skookum.

«Добре, сер! Добре, сер!» — поспішно вигукнув король лави Скукумів.

"Le darò mille, anzi milleduecento, per quel cane, signore!"

«Я дам вам тисячу… ні, двісті двісті… за цього собаку, сер!»

Thornton si alzò lentamente in piedi, con gli occhi brillanti di emozione.

Торнтон повільно підвівся на ноги, його очі сяяли емоціями.

Le lacrime gli rigavano le guance senza alcuna vergogna.

Сльози відкрито котилися по його щоках без жодного сорому.

"Signore", disse al re della panchina di Skookum, con fermezza e fermezza

«Пане», — сказав він королю лави Скукумів, твердо та непохитно

"No, signore. Può andare all'inferno, signore. Questa è la mia risposta definitiva."

«Ні, сер. Можете йти до біса, сер. Це моя остаточна відповідь».

Buck afferrò delicatamente la mano di Thornton tra le sue forti mascelle.

Бак ніжно схопив руку Торнтона своїми міцними щелепами.

Thornton lo scosse scherzosamente; il loro legame era più profondo che mai.

Торнтон грайливо потиснув його, їхній зв'язок був міцним, як ніколи.

La folla, commossa dal momento, fece un passo indietro in silenzio.
Натовп, зворушений моментом, мовчки відступив назад.
Da quel momento in poi nessuno osò più interrompere un affetto così sacro.
Відтоді ніхто не смів переривати таку священну прихильність.

Il suono della chiamata
Звук дзвінка

Buck aveva guadagnato milleseicento dollari in cinque minuti.
Бак заробив тисячу шістсот доларів за п'ять хвилин.
Il denaro permise a John Thornton di saldare alcuni dei suoi debiti.
Ці гроші дозволили Джону Торнтону погасити частину своїх боргів.
Con il resto del denaro si diresse verso est insieme ai suoi soci.
З рештою грошей він вирушив на Схід разом зі своїми партнерами.
Cercarono una leggendaria miniera perduta, antica quanto il paese stesso.
Вони шукали легендарну загублену шахту, таку ж стару, як і сама країна.
Molti uomini avevano cercato la miniera, ma pochi l'avevano trovata.
Багато чоловіків шукали шахту, але мало хто її знайшов.
Molti uomini erano scomparsi durante la pericolosa ricerca.
Під час небезпечних пошуків зникло чимало чоловіків.
Questa miniera perduta era avvolta nel mistero e nella vecchia tragedia.
Ця втрачена шахта була оповита водночас таємницею та давньою трагедією.
Nessuno sapeva chi fosse stato il primo uomo a scoprire la miniera.
Ніхто не знав, хто першим знайшов шахту.
Le storie più antiche non menzionano nessuno per nome.
У найдавніших оповідях не згадується нікого на ім'я.
Lì c'era sempre stata una vecchia capanna fatiscente.
Там завжди стояла стара, напівзруйнована хатина.
I moribondi avevano giurato che vicino a quella vecchia capanna ci fosse una miniera.

Вмираючі клялися, що поруч із тією старою хатиною була шахта.

Hanno dimostrato le loro storie con un oro che non ha eguali altrove.

Вони довели свої історії золотом, якого більше ніде не знайти.

Nessuna anima viva aveva mai saccheggiato il tesoro da quel luogo.

Жодна жива душа ніколи не пограбувала скарб з того місця.

I morti erano morti e i morti non raccontano storie.

Мертві були мертві, а мертві люди не розповідають історій.

Così Thornton e i suoi amici si diressero verso Est.

Тож Торнтон та його друзі вирушили на Схід.

Si unirono a noi Pete e Hans, portando con sé Buck e sei cani robusti.

Піт і Ганс приєдналися, привівши Бака та шістьох міцних собак.

Si avviarono lungo un sentiero sconosciuto dove altri avevano fallito.

Вони вирушили невідомою стежкою, де інші зазнали невдачі.

Percorsero in slitta settanta miglia lungo il fiume Yukon ghiacciato.

Вони проїхали на санчатах сімдесят миль вгору по замерзлій річці Юкон.

Girarono a sinistra e seguirono il sentiero verso lo Stewart.

Вони повернули ліворуч і пішли стежкою до річки Стюарт.

Superarono il Mayo e il McQuestion e proseguirono oltre.

Вони проїхали повз «Майо» та «МакКвістеншн» і продовжували рухатися далі.

Lo Stewart si restringeva fino a diventare un ruscello, infilandosi tra cime frastagliate.

Стюарт перетворився на потік, що нишпорив між гострими вершинами.

Queste vette aguzze rappresentavano la spina dorsale del continente.
Ці гострі вершини позначали сам хребет континенту.
John Thornton pretendeva poco dagli uomini e dalla terra selvaggia.
Джон Торнтон мало що вимагав від людей чи дикої землі.
Non temeva nulla della natura e affrontava la natura selvaggia con disinvoltura.
Він нічого не боявся в природі та легко сприймав дику природу.
Con solo del sale e un fucile poteva viaggiare dove voleva.
Маючи лише сіль та гвинтівку, він міг подорожувати, куди забажає.
Come gli indigeni, durante il viaggio cacciava per procurarsi il cibo.
Як і тубільці, він полював на їжу під час подорожі.
Se non prendeva nulla, continuava ad andare avanti, confidando nella fortuna che lo attendeva.
Якщо він нічого не зловив, то продовжував рухатися, покладаючись на удачу.
Durante questo lungo viaggio, la carne era l'alimento principale di cui si nutrivano.
Під час цієї довгої подорожі м'ясо було основною їжею, яку вони їли.
La slitta trasportava attrezzi e munizioni, ma non c'era un orario preciso.
У санях було інструменти та боєприпаси, але суворого розкладу не було.
Buck amava questo vagabondare, la caccia e la pesca senza fine.
Бак любив ці мандрівки; нескінченне полювання та риболовлю.
Per settimane viaggiarono senza sosta, giorno dopo giorno.
Тижнями вони подорожували день за днем.
Altre volte si accampavano e restavano fermi per settimane.
Іншим разом вони розбивали табори і залишалися на місці тижнями.

I cani riposarono mentre gli uomini scavavano nel terreno ghiacciato.
Собаки відпочивали, поки чоловіки копали замерзлу землю.
Scaldavano le padelle sul fuoco e cercavano l'oro nascosto.
Вони гріли сковорідки на вогні та шукали заховане золото.
C'erano giorni in cui pativano la fame, altri in cui banchettavano.
Інколи вони голодували, а інколи влаштовували бенкети.
Il loro pasto dipendeva dalla selvaggina e dalla fortuna della caccia.
Їхнє харчування залежало від дичини та удачі на полюванні.
Con l'arrivo dell'estate, uomini e cani caricavano carichi sulle spalle.
Коли настало літо, чоловіки та собаки вантажили вантажі на спинах.
Fecero rafting sui laghi azzurri nascosti nelle foreste di montagna.
Вони сплавлялися на плотах по блакитних озерах, захованих у гірських лісах.
Navigavano su imbarcazioni sottili su fiumi che nessun uomo aveva mai mappato.
Вони плавали на вузьких човнах річками, які жодна людина ніколи не картографувала.
Quelle barche venivano costruite con gli alberi che avevano segato in natura.
Ці човни були побудовані з дерев, які вони розпиляли в дикій природі.

Passarono i mesi e loro viaggiarono attraverso terre selvagge e sconosciute.
Минали місяці, і вони петляли крізь дикі невідомі землі.
Non c'erano uomini lì, ma vecchie tracce lasciavano intendere che alcuni di loro fossero presenti.
Чоловіків там не було, проте старі сліди натякали на те, що чоловіки там були.

Se la Capanna Perduta fosse esistita davvero, allora altre persone in passato erano passate da lì.
Якщо Загублена Хатина справжня, то цією стежкою колись проходили й інші.
Attraversavano passi alti durante le bufere di neve, anche d'estate.
Вони перетинали високі перевали у хуртовини, навіть влітку.
Rabbrividivano sotto il sole di mezzanotte sui pendii brulli delle montagne.
Вони тремтіли під опівнічним сонцем на голих гірських схилах.
Tra il limite degli alberi e i campi di neve, salivano lentamente.
Між лісовою смугою та сніговими полями вони повільно піднімалися вгору.
Nelle valli calde, scacciavano nuvole di moscerini e mosche.
У теплих долинах вони відлякували хмари комарів та мух.
Raccolsero bacche dolci vicino ai ghiacciai nel pieno della fioritura estiva.
Вони збирали солодкі ягоди біля льодовиків у повному цвітінні влітку.
I fiori che trovarono erano belli quanto quelli del Southland.
Квіти, які вони знайшли, були такі ж прекрасні, як і ті, що ростуть у Південній країні.
Quell'autunno giunsero in una regione solitaria piena di laghi silenziosi.
Тієї осені вони дісталися безлюдного краю, повного мовчазних озер.
La terra era triste e vuota, un tempo brulicava di uccelli e animali.
Земля була сумною та порожньою, колись повною птахів та звірів.
Ora non c'era più vita, solo il vento e il ghiaccio che si formava nelle pozze.
Тепер там не було життя, лише вітер та лід, що утворювався в калюжах.

Le onde lambivano le rive deserte con un suono dolce e lugubre.
Хвилі з м'яким, тужливим звуком плескалися об порожні береги.

Arrivò un altro inverno e loro seguirono di nuovo deboli e vecchi sentieri.
Настала ще одна зима, і вони знову йшли ледь помітними старими стежками.

Erano le tracce di uomini che avevano cercato molto prima di loro.
Це були стежки людей, які шукали задовго до них.

Una volta trovarono un sentiero che si inoltrava nel profondo della foresta oscura.
Одного разу вони знайшли стежку, що прорізалася глибоко в темний ліс.

Era un vecchio sentiero e sentivano che la baita perduta era vicina.
Це була стара стежка, і вони відчували, що загублена хатина була близько.

Ma il sentiero non portava da nessuna parte e si perdeva nel fitto del bosco.
Але стежка нікуди не віла і зникала в густому лісі.

Nessuno sapeva chi avesse tracciato il sentiero e perché lo avesse fatto.
Хто б не проклав цей шлях і чому, ніхто не знав.

Più tardi trovarono i resti di una capanna nascosta tra gli alberi.
Пізніше вони знайшли залишки хатини, заховані серед дерев.

Coperte marce erano sparse dove un tempo qualcuno aveva dormito.
Там, де колись хтось спав, лежали розкидані гнилі ковдри.

John Thornton trovò sepolto all'interno un fucile a pietra focaia a canna lunga.
Джон Торнтон знайшов усередині закопаний крем'яний ручний замок із довгим стволом.

Sapeva fin dai primi tempi che si trattava di un cannone della Hudson Bay.
Він знав, що це гармата Гудзонової затоки ще з перших днів торгівлі.
A quei tempi, tali armi venivano barattate con pile di pelli di castoro.
У ті часи такі рушниці вимінювали на купи бобрових шкур.
Questo era tutto: non rimaneva alcuna traccia dell'uomo che aveva costruito la loggia.
Ось і все — не залишилося жодної натяку на людину, яка збудувала цей будиночок.

Arrivò di nuovo la primavera e non trovarono traccia della Capanna Perduta.
Знову настала весна, а Загубленої Хатини вони не знайшли жодних ознак.
Invece trovarono un'ampia valle con un ruscello poco profondo.
Натомість вони знайшли широку долину з неглибоким струмком.
L'oro si stendeva sul fondo della pentola come burro giallo e liscio.
Золото лежало на дні сковорідок, немов гладке жовте масло.
Si fermarono lì e non cercarono oltre la cabina.
Вони зупинилися там і більше не шукали хатину.
Ogni giorno lavoravano e ne trovavano migliaia di pezzi in polvere d'oro.
Щодня вони працювали і знаходили тисячі в золотому пилу.
Confezionarono l'oro in sacchi di pelle di alce, da cinquanta libbre ciascuno.
Вони упаковали золото в мішки з лосячої шкіри, по п'ятдесят фунтів кожен.
I sacchi erano accatastati come legna da ardere fuori dal loro piccolo rifugio.

Мішки були складені, як дрова, біля їхньої маленької хатини.

Lavoravano come giganti e i giorni trascorrevano veloci come sogni.

Вони працювали як велетні, а дні минали, як швидкі сни.

Accumularono tesori mentre gli infiniti giorni trascorrevano rapidamente.

Вони накопичували скарби, поки нескінченні дні швидко проносилися.

I cani avevano ben poco da fare, se non trasportare la carne di tanto in tanto.

Собакам мало що залишалося робити, окрім як час від часу тягати м'ясо.

Thornton cacciò e uccise la selvaggina, mentre Buck si sdraiò accanto al fuoco.

Торнтон полював і вбивав дичину, а Бак лежав біля вогню.

Trascorse lunghe ore in silenzio, perso nei pensieri e nei ricordi.

Він проводив довгі години в мовчанні, заглиблений у думки та спогади.

L'immagine dell'uomo peloso tornava sempre più spesso alla mente di Buck.

Образ волохатого чоловіка все частіше спливав у Бака в голові.

Ora che il lavoro scarseggiava, Buck sognava mentre sbatteva le palpebre verso il fuoco.

Тепер, коли роботи було мало, Бак мріяв, кліпаючи очима на вогонь.

In quei sogni, Buck vagava con l'uomo in un altro mondo.

У тих снах Бак блукав з чоловіком в іншому світі.

La paura sembrava il sentimento più forte in quel mondo lontano.

Страх здавався найсильнішим почуттям у тому далекому світі.

Buck vide l'uomo peloso dormire con la testa bassa.

Бак побачив, як волохатий чоловік спав, низько схиливши голову.

Aveva le mani giunte e il suo sonno era agitato e interrotto.
Його руки були сплетені, а сон був неспокійний і перерваний.
Si svegliava di soprassalto e fissava il buio con timore.
Він здригався і прокидався з переляку, вдивляючись у темряву.
Poi aggiungeva altra legna al fuoco per mantenere viva la fiamma.
Потім він підкидав ще дров у вогонь, щоб полум'я залишалося яскравим.
A volte camminavano lungo una spiaggia in riva a un mare grigio e infinito.
Іноді вони гуляли пляжем біля сірого, безкрайнього моря.
L'uomo peloso raccolse i frutti di mare e li mangiò mentre camminava.
Волохатий чоловік збирав молюсків і їв їх на ходу.
I suoi occhi cercavano sempre pericoli nascosti nell'ombra.
Його очі завжди шукали прихованих небезпек у тіні.
Le sue gambe erano sempre pronte a scattare al primo segno di minaccia.
Його ноги завжди були готові бігти за перших ознак загрози.
Avanzavano furtivamente nella foresta, silenziosi e cauti, uno accanto all'altro.
Вони кралися лісом, мовчки та обережно, пліч-о-пліч.
Buck lo seguì alle calcagna, ed entrambi rimasero all'erta.
Бак ішов за ним по п'ятах, і обидва залишалися напоготові.
Le loro orecchie si muovevano e si contraevano, i loro nasi fiutavano l'aria.
Їхні вуха сіпалися та рухалися, носи нюхали повітря.
L'uomo riusciva a sentire e ad annusare la foresta in modo altrettanto acuto quanto Buck.
Чоловік чув і відчував запах лісу так само гостро, як і Бак.
L'uomo peloso si lanciò tra gli alberi a velocità improvvisa.
Волохатий чоловік з раптовою швидкістю промчав крізь дерева.

Saltava da un ramo all'altro senza mai perdere la presa.
Він стрибав з гілки на гілку, ніколи не пропускаючи хватки.
Si muoveva con la stessa rapidità con cui si muoveva sopra e sopra il terreno.
Він рухався так само швидко над землею, як і по ній.
Buck ricordava le lunghe notti passate sotto gli alberi a fare la guardia.
Бак згадував довгі ночі під деревами, коли він стежив за ними.
L'uomo dormiva appollaiato sui rami, aggrappandosi forte.
Чоловік спав, вмостившись на гілках, міцно притулившись.
Questa visione dell'uomo peloso era strettamente legata al richiamo profondo.
Це видіння волохатого чоловіка було тісно пов'язане з глибоким покликом.
Il richiamo risuonava ancora nella foresta con una forza inquietante.
Поклик все ще лунав крізь ліс з моторошною силою.
La chiamata riempì Buck di desiderio e di un inquieto senso di gioia.
Дзвінок сповнив Бака тугою та неспокійним відчуттям радості.
Sentì strani impulsi e stimoli a cui non riusciva a dare un nome.
Він відчував дивні пориви та спонукання, які не міг назвати.
A volte seguiva la chiamata inoltrandosi nel silenzio dei boschi.
Іноді він йшов на поклик глибоко в тихий ліс.
Cercava il richiamo, abbaiando piano o bruscamente mentre camminava.
Він шукав поклику, гавкаючи то тихо, то різко на ходу.
Annusò il muschio e il terreno nero dove cresceva l'erba.
Він понюхав мох і чорний ґрунт, де росли трави.

Sbuffò di piacere sentendo i ricchi odori della terra profonda.
Він насолоджено пирхнув, вдихаючи насичений запах глибокої землі.
Rimase accovacciato per ore dietro i tronchi ricoperti di funghi.
Він годинами ховався за стовбурами, вкритими грибком.
Rimase immobile, ascoltando con gli occhi sgranati ogni minimo rumore.
Він стояв нерухомо, широко розплющивши очі, прислухаючись до кожного найменшого звуку.
Forse sperava di sorprendere la cosa che aveva emesso la chiamata.
Можливо, він сподівався здивувати ту істоту, яка зателефонувала.
Non sapeva perché si comportava in quel modo: lo faceva e basta.
Він не знав, чому повівся так — він просто так робив.
Questi impulsi provenivano dal profondo, al di là del pensiero o della ragione.
Ці спонукання йшли з глибини душі, з-поза меж думки чи розуму.
Buck fu colto da impulsi irresistibili, senza preavviso o motivo.
Нестримні бажання опанували Бака без попередження чи причини.
A volte sonnecchiava pigramente nell'accampamento, sotto il caldo di mezzogiorno.
Часом він ліниво дрімав у таборі під полуденною спекою.
All'improvviso sollevò la testa e le sue orecchie si drizzarono in allerta.
Раптом він підвів голову, а вуха насторожилися.
Poi balzò in piedi e si lanciò nella natura selvaggia senza fermarsi.
Потім він схопився і без зупинки кинувся в дику природу.
Corse per ore attraverso sentieri forestali e spazi aperti.

Він годинами бігав лісовими стежками та відкритими просторами.

Amava seguire i letti asciutti dei torrenti e spiare gli uccelli sugli alberi.

Він любив стежити за висохлими руслами струмків і спостерігати за птахами на деревах.

Poteva restare nascosto tutto il giorno, osservando le pernici che si pavoneggiavano in giro.

Він міг цілий день лежати схований, спостерігаючи, як куріпки походжають навколо.

Suonavano i tamburi e marciavano, ignari della presenza immobile di Buck.

Вони барабанили та марширували, не підозрюючи про все ще присутність Бака.

Ma ciò che amava di più era correre al crepuscolo estivo.

Але найбільше він любив бігати влітку в сутінках.

La luce fioca e i suoni assonnati della foresta lo riempivano di gioia.

Приглушене світло та сонні лісові звуки наповнювали його радістю.

Leggeva i cartelli della foresta con la stessa chiarezza con cui un uomo legge un libro.

Він читав лісові знаки так само чітко, як людина читає книгу.

E cercava sempre la strana cosa che lo chiamava.

І він завжди шукав ту дивну річ, яка кликала його.

Quella chiamata non si è mai fermata: lo raggiungeva sia da sveglio che nel sonno.

Цей поклик ніколи не припинявся — він досягав його наяву чи уві сні.

Una notte si svegliò di soprassalto, con gli occhi acuti e le orecchie tese.

Однієї ночі він прокинувся здригнувшись, з гострим зором і високо нашорошеними вухами.

Le sue narici si contrassero mentre la sua criniera si rizzava in onde.

Його ніздрі сіпнулися, а грива хвилями стояла наїжачена.
Dal profondo della foresta giunse di nuovo quel suono, il vecchio richiamo.
З глибини лісу знову долинув звук, старий поклик.
Questa volta il suono risuonò chiaro, un ululato lungo, inquietante e familiare.
Цього разу звук пролунав чітко, довгим, нав'язливим, знайомим виттям.
Era come il verso di un husky, ma dal tono strano e selvaggio.
Це було схоже на крик хаскі, але дивне та дике за тоном.
Buck riconobbe subito quel suono: lo aveva già sentito molto tempo prima.
Бак одразу впізнав звук — він чув той самий звук давно.
Attraversò con un balzo l'accampamento e scomparve rapidamente nel bosco.
Він прострибнув крізь табір і швидко зник у лісі.
Avvicinandosi al suono, rallentò e si mosse con cautela.
Наближаючись до звуку, він сповільнився та рухався обережно.
Presto raggiunse una radura tra fitti pini.
Невдовзі він дістався галявини між густими соснами.
Lì, ritto sulle zampe posteriori, sedeva un lupo grigio alto e magro.
Там, прямо на лапах, сидів високий, худий лісовий вовк.
Il naso del lupo puntava verso il cielo, continuando a riecheggiare il richiamo.
Вовчий ніс був спрямований до неба, все ще відлунюючи поклик.
Buck non aveva emesso alcun suono, eppure il lupo si fermò e ascoltò.
Бак не видав жодного звуку, проте вовк зупинився і прислухався.
Percependo qualcosa, il lupo si irrigidì e scrutò l'oscurità.
Відчуваючи щось, вовк напружився, вдивляючись у темряву.

Buck si fece avanti furtivamente, con il corpo basso e i piedi ben appoggiati al terreno.
Бак непомітно з'явився в полі зору, пригнувшись, ногами стоячи на землі.
La sua coda era dritta e il suo corpo era teso e teso.
Його хвіст був прямий, тіло міцно стиснуте від напруги.
Manifestava sia un atteggiamento minaccioso che una sorta di rude amicizia.
Він виявляв одночасно загрозу та своєрідну грубу дружбу.
Era il saluto cauto tipico delle bestie selvatiche.
Це було обережне вітання, яке поділяють дикі звірі.
Ma il lupo si voltò e fuggì non appena vide Buck.
Але вовк обернувся і втік, щойно побачив Бака.
Buck si lanciò all'inseguimento, saltando selvaggiamente, desideroso di raggiungerlo.
Бак погнався за ним, шалено стрибаючи, прагнучи наздогнати його.
Seguì il lupo in un ruscello secco bloccato da un ingorgo di tronchi.
Він пішов за вовком у пересохлий струмок, перекритий дерев'яним завалом.
Messo alle strette, il lupo si voltò e rimase fermo.
Загнаний у кут, вовк обернувся і завмер на місці.
Il lupo ringhiò e schioccò i denti come un husky intrappolato in una rissa.
Вовк загарчав і огризався, як спійманий хаскі в бійці.
I denti del lupo schioccarono rapidamente e il suo corpo si irrigidì per la furia selvaggia.
Вовчі зуби швидко клацнули, його тіло аж стискалося від дикої люті.
Buck non attaccò, ma girò intorno al lupo con attenta cordialità.
Бак не атакував, а обережно та дружелюбно обійшов вовка.
Cercò di bloccargli la fuga con movimenti lenti e innocui.
Він спробував заблокувати свою втечу повільними, нешкідливими рухами.

Il lupo era cauto e spaventato: Buck lo superava di peso tre volte.
Вовк був обережний і наляканий — Бак переважував його втричі.

La testa del lupo arrivava a malapena all'altezza della spalla massiccia di Buck.
Голова вовка ледве сягала масивного плеча Бака.

Il lupo, attento a individuare un varco, si lanciò e l'inseguimento ricominciò.
Спостерігаючи за проміжком, вовк кинувся тікати, і погоня почалася знову.

Buck lo mise alle strette più volte e la danza si ripeté.
Кілька разів Бак заганяв його в кут, і танець повторювався.

Il lupo era magro e debole, altrimenti Buck non avrebbe potuto catturarlo.
Вовк був худий і слабкий, інакше Бак не зміг би його спіймати.

Ogni volta che Buck si avvicinava, il lupo si girava di scatto e lo affrontava spaventato.
Щоразу, як Бак наближався, вовк обертався і злякано дивився йому в обличчя.

Poi, alla prima occasione, si precipitò di nuovo nel bosco.
Тоді за першої ж нагоди він знову кинувся в ліс.

Ma Buck non si arrese e alla fine il lupo imparò a fidarsi di lui.
Але Бак не здавався, і врешті-решт вовк почав йому довіряти.

Annusò il naso di Buck e i due diventarono giocosi e attenti.
Він понюхав Бака до носа, і вони вдвох стали грайливими та пильними.

Giocavano come animali selvaggi, feroci ma timidi nella loro gioia.
Вони гралися, як дикі звірі, люті, але водночас сором'язливі у своїй радості.

Dopo un po' il lupo trotterellò via con calma e decisione.
Через деякий час вовк спокійно й цілеспрямовано побіг геть.

Dimostrò chiaramente a Buck che intendeva essere seguito.
Він чітко показав Баку, що має намір за ним стежити.
Correvano fianco a fianco nel buio della sera.
Вони бігли пліч-о-пліч крізь сутінковий морок.
Seguirono il letto del torrente fino alla gola rocciosa.
Вони йшли руслом струмка вгору в скелясту ущелину.
Attraversarono un freddo spartiacque nel punto in cui aveva avuto origine il fiume.
Вони перетнули холодну вододіл, де починався потік.
Sul pendio più lontano trovarono un'ampia foresta e molti corsi d'acqua.
На дальньому схилі вони знайшли широкий ліс і багато струмків.
Corsero per ore senza fermarsi attraverso quella terra immensa.
Через цю неосяжну землю вони бігли годинами без зупинки.
Il sole saliva sempre più alto, l'aria si faceva calda, ma loro continuavano a correre.
Сонце піднялося вище, повітря потеплішало, але вони бігли далі.
Buck era pieno di gioia: sapeva di aver risposto alla sua chiamata.
Бак був сповнений радості — він знав, що відповідає на своє покликання.
Corse accanto al fratello della foresta, più vicino alla fonte della chiamata.
Він біг поруч зі своїм лісовим братом, ближче до джерела поклику.
I vecchi sentimenti ritornano, potenti e difficili da ignorare.
Старі почуття повернулися, сильні та важкі для ігнорування.
Queste erano le verità nascoste nei ricordi dei suoi sogni.
Це була правда, що стояла за спогадами з його снів.
Tutto questo lo aveva già fatto in un mondo lontano e oscuro.
Він уже робив усе це раніше у далекому й тіньовому світі.

Questa volta lo fece di nuovo, scatenandosi con il cielo aperto sopra di lui.
Тепер він знову це зробив, шалено бігаючи під відкритим небом угорі.
Si fermarono presso un ruscello per bere l'acqua fredda che scorreva.
Вони зупинилися біля струмка, щоб напитися холодної проточної води.
Mentre beveva, Buck si ricordò improvvisamente di John Thornton.
Поки Бак пив, він раптом згадав про Джона Торнтона.
Si sedette in silenzio, lacerato dal sentimento di lealtà e dalla chiamata.
Він мовчки сів, розриваючись між вірністю та покликанням.
Il lupo continuò a trottare, ma tornò indietro per incitare Buck ad andare avanti.
Вовк побіг далі риссю, але повернувся, щоб підштовхнути Бака вперед.
Gli annusò il naso e cercò di convincerlo con gesti gentili.
Він понюхав носом і спробував умовити його м'якими жестами.
Ma Buck si voltò e riprese a tornare indietro per la strada da cui era venuto.
Але Бак розвернувся і пішов назад тим самим шляхом, яким прийшов.
Il lupo gli corse accanto per molto tempo, guaindo piano.
Вовк довго біг поруч з ним, тихо скиглячи.
Poi si sedette, alzò il naso ed emise un lungo ululato.
Потім він сів, задер носа і протяжно завив.
Era un grido lugubre, che si addolcì mentre Buck si allontanava.
Це був тужливий крик, який стихав, коли Бак відходив.
Buck ascoltò mentre il suono del grido svaniva lentamente nel silenzio della foresta.
Бак прислухався, як звук крику повільно затих у лісовій тиші.

John Thornton stava cenando quando Buck irruppe nell'accampamento.
Джон Торнтон саме вечеряв, коли Бак увірвався до табору.
Buck gli saltò addosso selvaggiamente, leccandolo, mordendolo e facendolo rotolare.
Бак шалено стрибнув на нього, облизуючи, кусаючи та перекидаючи його.
Lo fece cadere, gli saltò sopra e gli baciò il viso.
Він збив його з ніг, виліз наверх і поцілував його в обличчя.
Thornton lo definì con affetto "fare il buffone".
Торнтон з ніжністю називав це «гранням у дурня».
Nel frattempo, imprecava dolcemente contro Buck e lo scuoteva avanti e indietro.
Весь цей час він ніжно лаяв Бака та тряс його туди-сюди.
Per due interi giorni e due notti, Buck non lasciò l'accampamento nemmeno una volta.
Протягом двох цілих днів і ночей Бак жодного разу не виходив з табору.
Si teneva vicino a Thornton e non lo perdeva mai di vista.
Він тримався близько до Торнтона і ніколи не випускав його з поля зору.
Lo seguiva mentre lavorava e lo osservava mentre mangiava.
Він слідував за ним, коли той працював, і спостерігав, поки той їв.
Di notte vedeva Thornton avvolto nelle sue coperte e ogni mattina lo vedeva uscire.
Він бачив Торнтона вночі, закутаного в ковдри, і щоранку, коли той виходив.
Ma presto il richiamo della foresta ritornò, più forte che mai.
Але невдовзі лісовий поклик повернувся, голосніший, ніж будь-коли раніше.
Buck si sentì di nuovo irrequieto, agitato dal pensiero del lupo selvatico.
Бак знову занепокоївся, схвильований думками про дикого вовка.
Ricordava la terra aperta e le corse fianco a fianco.
Він пам'ятав відкриту місцевість і біг пліч-о-пліч.

Ricominciò a vagare nella foresta, solo e vigile.
Він знову почав блукати лісом, сам і пильний.
Ma il fratello selvaggio non tornò e l'ululato non fu udito.
Але дикий брат не повернувся, і виття не було чути.
Buck cominciò a dormire all'aperto, restando lontano anche per giorni interi.
Бак почав спати надворі, не маючи його цілими днями.
Una volta attraversò l'alto spartiacque dove aveva origine il torrente.
Одного разу він перетнув високий вододіл, де починався струмок.
Entrò nella terra degli alberi scuri e dei grandi corsi d'acqua.
Він увійшов у край темних лісів та широких потоків.
Vagò per una settimana alla ricerca di tracce del fratello selvaggio.
Протягом тижня він блукав, шукаючи сліди дикого брата.
Uccideva la propria carne e viaggiava a passi lunghi e instancabili.
Він забивав власну м'ясо та мандрував довгими, невтомними кроками.
Pescò salmoni in un ampio fiume che arrivava fino al mare.
Він ловив лосося в широкій річці, яка сягала моря.
Lì lottò e uccise un orso nero reso pazzo dagli insetti.
Там він бився і вбив чорного ведмедя, розлюченого комахами.
L'orso stava pescando e corse alla cieca tra gli alberi.
Ведмідь ловив рибу і наосліп біг по деревах.
La battaglia fu feroce e risvegliò il profondo spirito combattivo di Buck.
Битва була запеклою, пробудивши глибокий бойовий дух Бака.
Due giorni dopo, Buck tornò e trovò dei ghiottoni nei pressi della sua preda.
Через два дні Бак повернувся і знайшов росомах на місці своєї здобичі.
Una dozzina di loro litigarono furiosamente e rumorosamente per la carne.

Кілька з них у гучній люті сварилися через м'ясо.
Buck caricò e li disperse come foglie al vento.
Бак кинувся в атаку та розвіяв їх, немов листя на вітрі.
Due lupi rimasero indietro: silenziosi, senza vita e immobili per sempre.
Два вовки залишилися позаду — мовчазні, безжиттєві та нерухомі назавжди.
La sete di sangue divenne più forte che mai.
Жага крові стала сильнішою, ніж будь-коли.
Buck era un cacciatore, un assassino, che si nutriva di creature viventi.
Бак був мисливцем, убивцею, який харчувався живими істотами.
Sopravvisse da solo, affidandosi alla sua forza e ai suoi sensi acuti.
Він вижив сам, покладаючись на свою силу та гостре чуття.
Prosperava nella natura selvaggia, dove solo i più forti potevano sopravvivere.
Він процвітав у дикій природі, де могли жити лише найвитриваліші.
Da ciò nacque un grande orgoglio che riempì tutto l'essere di Buck.
Від цього піднялася величезна гордість і сповнила всю істоту Бака.
Il suo orgoglio traspariva da ogni passo, dal fremito di ogni muscolo.
Його гордість проявлялася в кожному кроці, у зворушенні кожного м'яза.
Il suo orgoglio era evidente, come si vedeva dal suo comportamento.
Його гордість була очевидна, як слово, що видно було з того, як він себе поводив.
Persino il suo spesso mantello appariva più maestoso e splendeva di più.
Навіть його густе пальто виглядало величніше та сяяло яскравіше.

Buck avrebbe potuto essere scambiato per un lupo grigio gigante.
Бака могли сплутати з велетенський лісовий вовк.
A parte il marrone sul muso e le macchie sopra gli occhi.
За винятком коричневого кольору на морді та плям над очима.
E la striscia bianca di pelo che gli correva lungo il centro del petto.
І біла смуга хутра, що тягнулася посередині його грудей.
Era addirittura più grande del più grande lupo di quella feroce razza.
Він був навіть більший за найбільшого вовка тієї лютої породи.
Suo padre, un San Bernardo, gli ha trasmesso la stazza e la corporatura robusta.
Його батько, сенбернар, дав йому розміри та міцну статуру.
Sua madre, una pastorella, plasmò quella mole conferendole la forma di un lupo.
Його мати, пастушка, надала цій туші вовкоподібну форму.
Aveva il muso lungo di un lupo, anche se più pesante e largo.
У нього була довга вовча морда, хоча й важча та ширша.
La sua testa era quella di un lupo, ma di dimensioni enormi e maestose.
Його голова була вовчою, але масивної, величної статури.
L'astuzia di Buck era l'astuzia del lupo e della natura selvaggia.
Хитрість Бака була хитрістю вовка та дикої природи.
La sua intelligenza gli venne sia dal Pastore Tedesco che dal San Bernardo.
Його інтелект походив як від німецької вівчарки, так і від сенбернара.
Tutto ciò, unito alla dura esperienza, lo rese una creatura temibile.

Все це, плюс суворий досвід, зробило його грізною істотою.

Era formidabile quanto qualsiasi animale che vagasse nelle terre selvagge del nord.

Він був таким же грізним, як і будь-який звір, що бродив північною дикістю.

Nutrendosi solo di carne, Buck raggiunse l'apice della sua forza.

Живучи лише м'ясом, Бак досяг повного піку своєї сили.

Trasudava potenza e forza maschile in ogni fibra del suo corpo.

Він переповнював силу та чоловічу силу кожною своєю клітиною.

Quando Thornton gli accarezzò la schiena, i peli brillarono di energia.

Коли Торнтон погладив його по спині, волосся заіскрилося енергією.

Ogni capello scricchiolava, carico del tocco di un magnetismo vivente.

Кожна волосинка потріскувала, заряджена дотиком живого магнетизму.

Il suo corpo e il suo cervello erano sintonizzati sulla tonalità più fine possibile.

Його тіло і мозок були налаштовані на найтонший можливий звук.

Ogni nervo, ogni fibra e ogni muscolo lavoravano in perfetta armonia.

Кожен нерв, волокно та м'яз працювали в ідеальній гармонії.

A qualsiasi suono o visione che richiedesse un intervento, rispondeva immediatamente.

На будь-який звук чи образ, що вимагав дії, він реагував миттєво.

Se un husky saltava per attaccare, Buck poteva saltare due volte più velocemente.

Якби хаскі стрибнув для атаки, Бак міг би стрибнути вдвічі швидше.

Reagì più rapidamente di quanto gli altri potessero vedere o sentire.
Він відреагував швидше, ніж інші могли його побачити чи почути.
Percezione, decisione e azione avvennero tutte in un unico, fluido istante.
Сприйняття, рішення та дія з'явилися в один плавний момент.
In realtà si tratta di atti separati, ma troppo rapidi per essere notati.
Насправді, ці дії були окремими, але надто швидкими, щоб їх помітити.
Gli intervalli tra questi atti erano così brevi che sembravano uno solo.
Проміжки між цими діями були настільки короткими, що вони здавалися одним цілим.
I suoi muscoli e il suo essere erano come molle strettamente avvolte.
Його м'язи та тіло були схожі на туго натягнуті пружини.
Il suo corpo traboccava di vita, selvaggia e gioiosa nella sua potenza.
Його тіло вирувало життям, дике та радісне у своїй силі.
A volte aveva la sensazione che la forza stesse per esplodere completamente dentro di lui.
Часом йому здавалося, що вся ця сила ось-ось вирветься з нього повністю.
"Non c'è mai stato un cane simile", disse Thornton un giorno tranquillo.
«Ніколи не було такого собаки», — сказав Торнтон одного тихого дня.
I soci osservarono Buck uscire fiero dall'accampamento.
Партнери спостерігали, як Бак гордо крокував з табору.
"Quando è stato creato, ha cambiato il modo in cui un cane può essere", ha detto Pete.
«Коли його створили, він змінив те, ким може бути собака», — сказав Піт.
"Per Dio! Lo penso anch'io", concordò subito Hans.

«Боже мій! Я й сам так думаю», — швидко погодився Ганс.
Lo videro allontanarsi, ma non il cambiamento che avvenne dopo.
Вони бачили, як він відійшов, але не бачили зміни, яка сталася потім.
Non appena entrò nel bosco, Buck si trasformò completamente.
Щойно Бак увійшов до лісу, він повністю перетворився.
Non marciava più, ma si muoveva come uno spettro selvaggio tra gli alberi.
Він більше не крокував, а рухався, як дикий привид серед дерев.
Divenne silenzioso, come un gatto, un bagliore che attraversava le ombre.
Він замовк, ступаючи, як котячі ноги, немов проблиск крізь тіні.
Usava la copertura con abilità, strisciando sulla pancia come un serpente.
Він вміло користувався укриттям, повзаючи на животі, як змія.
E come un serpente, sapeva balzare in avanti e colpire in silenzio.
І, як змія, він міг стрибнути вперед і вдарити безшумно.
Potrebbe rubare una pernice bianca direttamente dal suo nido nascosto.
Він міг вкрасти куріпку прямо з її захованого гнізда.
Uccideva i conigli addormentati senza emettere alcun suono.
Він убивав сплячих кроликів без жодного звуку.
Riusciva a catturare gli scoiattoli a mezz'aria anche se fuggivano troppo lentamente.
Він міг ловити бурундуків у повітрі, коли ті тікали надто повільно.
Nemmeno i pesci nelle pozze riuscivano a sfuggire ai suoi attacchi improvvisi.
Навіть риба в калюжах не могла уникнути його раптових ударів.

Nemmeno i furbi castori impegnati a riparare le dighe erano al sicuro da lui.
Навіть розумні бобри, що лагодили дамби, не були від нього в безпеці.
Uccideva per nutrirsi, non per divertirsi, ma preferiva uccidere le proprie vittime.
Він вбивав заради їжі, а не заради розваги, але найбільше любив власні вбивства.
Eppure, un umorismo subdolo permeava alcune delle sue cacce silenziose.
І все ж, деякі з його мовчазних полювань пронизували лукаві почуття.
Si avvicinò furtivamente agli scoiattoli, solo per lasciarli scappare.
Він підкрався близько до білок, але дав їм втекти.
Stavano per fuggire tra gli alberi, chiacchierando con rabbia e paura.
Вони збиралися втекти до дерев, галасуючи від жахливого обурення.
Con l'arrivo dell'autunno, le alci cominciarono ad apparire in numero maggiore.
З настанням осені лосі почали з'являтися у більшій кількості.
Si spostarono lentamente verso le basse valli per affrontare l'inverno.
Вони повільно просувалися в низькі долини, щоб зустріти зиму.
Buck aveva già abbattuto un giovane vitello randagio.
Бак уже встиг збити одне молоде, безпритульне теля.
Ma lui desiderava ardentemente affrontare prede più grandi e pericolose.
Але він прагнув зіткнутися з більшою, небезпечнішою здобиччю.
Un giorno, sul crinale, alla sorgente del torrente, trovò la sua occasione.
Одного дня на вододілі, біля витоків струмка, він знайшов свій шанс.

Una mandria di venti alci era giunta da terre boscose.
Стадо з двадцяти лосів перейшло з лісистих угідь.
Tra loro c'era un possente toro, il capo del gruppo.
Серед них був могутній бик; ватажок групи.
Il toro era alto più di due metri e mezzo e appariva feroce e selvaggio.
Бик сягав понад шість футів на зріст і виглядав лютим та диким.
Lanciò le sue grandi corna, le cui quattordici punte si diramavano verso l'esterno.
Він розкинув свої широкі роги, чотирнадцять кінчиків яких розгалужувалися назовні.
Le punte di quelle corna si estendevano per due metri.
Кінчики цих рогів простягалися на сім футів завширшки.
I suoi piccoli occhi ardevano di rabbia quando vide Buck lì vicino.
Його маленькі очі палали люттю, коли він помітив Бака неподалік.
Emise un ruggito furioso, tremando di rabbia e dolore.
Він видав лютий рев, тремтячи від люті та болю.
Vicino al suo fianco spuntava la punta di una freccia, appuntita e piumata.
Біля його бока стирчав кінець стріли, оперений та гострий.
Questa ferita contribuì a spiegare il suo umore selvaggio e amareggiato.
Ця рана допомагала пояснити його дикий, озлоблений настрій.
Buck, guidato dall'antico istinto di caccia, fece la sua mossa.
Бак, керований давнім мисливським інстинктом, зробив свій хід.
Il suo obiettivo era separare il toro dal resto della mandria.
Він мав на меті відокремити бика від решти стада.
Non era un compito facile: richiedeva velocità e una grande astuzia.
Це було нелегке завдання — потрібні були швидкість і люта хитрість.

Abbaiava e danzava vicino al toro, appena fuori dalla sua portata.
Він гавкав і танцював біля бика, трохи поза межами досяжності.
L'alce si lanciò con enormi zoccoli e corna mortali.
Лось кинувся вперед, використовуючи величезні копита та смертоносні роги.
Un colpo avrebbe potuto porre fine alla vita di Buck in un batter d'occhio.
Один удар міг би вмить обірвати життя Бака.
Incapace di abbandonare la minaccia, il toro si infuriò.
Не в змозі залишити загрозу позаду, бик розлютився.
Lui caricava con furia, ma Buck riusciva sempre a sfuggirgli.
Він люто кинувся в атаку, але Бак завжди вислизав.
Buck finse di essere debole, allontanandosi ulteriormente dalla mandria.
Бак удавав слабкість, відманюючи його далі від стада.
Ma i giovani tori sarebbero tornati alla carica per proteggere il capo.
Але молоді бики збиралися кинутися у відповідь, щоб захистити лідера.
Costrinsero Buck a ritirarsi e il toro a ricongiungersi al gruppo.
Вони змусили Бака відступити, а бика — приєднатися до групи.
C'è una pazienza nella natura selvaggia, profonda e inarrestabile.
У дикій природі панує терпіння, глибоке та нестримне.
Un ragno resta immobile nella sua tela per innumerevoli ore.
Павук нерухомо чекає у своїй павутині незліченну кількість годин.
Un serpente si avvolge su se stesso senza contrarsi e aspetta il momento giusto.
Змія звивається клубком, не сіпаючись, і чекає, поки настане час.
Una pantera è in agguato, finché non arriva il momento.
Пантера чатує в засідці, поки не настане слушний момент.

Questa è la pazienza dei predatori che cacciano per sopravvivere.
Це терпіння хижаків, які полюють, щоб вижити.
La stessa pazienza ardeva dentro Buck mentre gli restava accanto.
Те саме терпіння палало в Баку, поки він залишався поруч.
Rimase vicino alla mandria, rallentandone la marcia e incutendo timore.
Він тримався біля стада, уповільнюючи його хід і сіяючи страх.
Provocava i giovani tori e molestava le mucche madri.
Він дражнив молодих биків і переслідував корів-матерей.
Spinse il toro ferito in una rabbia ancora più profonda e impotente.
Він довів пораненого бика до ще глибшої, безпорадної люті.
Per mezza giornata il combattimento si trascinò senza alcuna tregua.
Півдня бій тривав без жодної перерви.
Buck attaccò da ogni angolazione, veloce e feroce come il vento.
Бак атакував з усіх боків, швидкий і лютий, як вітер.
Impedì al toro di riposare o di nascondersi con la mandria.
Він не давав бику відпочити чи сховатися разом зі своїм табуном.
Buck logorò la volontà dell'alce più velocemente del suo corpo.
Бак вимотував волю лося швидше, ніж його тіло.
Il giorno passò e il sole tramontò basso nel cielo a nord-ovest.
День минув, і сонце низько опустилося на північно-західному небі.
I giovani tori tornarono più lentamente per aiutare il loro capo.
Молоді бики поверталися повільніше, щоб допомогти своєму ватажку.

Erano tornate le notti autunnali e il buio durava ormai sei ore.
Повернулися осінні ночі, і темрява тепер тривала шість годин.
L'inverno li spingeva verso valli più sicure e calde.
Зима тиснула їх униз, у безпечніші, тепліші долини.
Ma non riuscirono comunque a sfuggire al cacciatore che li tratteneva.
Але вони все ще не могли втекти від мисливця, який їх стримував.
Era in gioco solo una vita: non quella del branco, ma quella del loro capo.
На кону було лише одне життя — не життя стада, а лише життя їхнього ватажка.
Ciò rendeva la minaccia lontana e non una loro preoccupazione urgente.
Це робило загрозу далекою та не такою, що їх турбувала нагально.
Col tempo accettarono questo prezzo e lasciarono che Buck prendesse il vecchio toro.
З часом вони погодилися на цю ціну і дозволили Баку взяти старого бика.
Mentre calava il crepuscolo, il vecchio toro rimase in piedi con la testa bassa.
Коли сутінки опустилися, старий бик стояв, опустивши голову.
Guardò la mandria che aveva guidato svanire nella luce morente.
Він спостерігав, як стадо, яке він очолював, зникає у згасаючому світлі.
C'erano mucche che aveva conosciuto, vitelli che un tempo aveva generato.
Там були корови, яких він знав, телята, яких він колись був батьком.
C'erano tori più giovani con cui aveva combattuto e che aveva dominato nelle stagioni passate.

Були молодші бики, з якими він бився та правив у минулих сезонах.

Non poteva seguirli, perché davanti a lui era di nuovo accovacciato Buck.

Він не міг іти за ними, бо перед ним знову присів Бак.

Il terrore spietato e zannuto gli bloccava ogni via che potesse percorrere.

Безжальний іклатий жах перегороджував йому кожен шлях.

Il toro pesava più di trecento chili di potenza densa.

Бик важив понад три центнери щільної сили.

Aveva vissuto a lungo e lottato duramente in un mondo di difficoltà.

Він прожив довго і наполегливо боровся у світі боротьби.

Eppure, alla fine, la morte gli venne commessa da una bestia molto più bassa di lui.

І все ж тепер, зрештою, смерть прийшла від звіра, який був набагато нижчим за нього.

La testa di Buck non arrivò nemmeno alle enormi ginocchia noccate del toro.

Голова Бака навіть не піднялася до величезних, згорблених колін бика.

Da quel momento in poi, Buck rimase con il toro notte e giorno.

З того моменту Бак залишався з биком день і ніч.

Non gli dava mai tregua, non gli permetteva mai di brucare o bere.

Він ніколи не давав йому спокою, ніколи не дозволяв пастися чи пити.

Il toro cercò di mangiare giovani germogli di betulla e foglie di salice.

Бик намагався поїсти молоді березові пагони та листя верби.

Ma Buck lo scacciò, sempre all'erta e sempre all'attacco.

Але Бак відігнав його, завжди напоготові та завжди атакуючи.

Anche nei torrenti che scorrevano, Buck bloccava ogni assetato tentativo.
Навіть біля струмків, що стікали по дзижчах, Бак блокував кожну спраглу спробу.

A volte, in preda alla disperazione, il toro fuggiva a tutta velocità.
Іноді, у відчаї, бик тікав щодуху.

Buck lo lasciò correre, avanzando tranquillamente dietro di lui, senza mai allontanarsi troppo.
Бак дозволив йому бігти, він спокійно біг позаду, ніколи не відставав далеко.

Quando l'alce si fermò, Buck si sdraiò, ma rimase pronto.
Коли лось зупинився, Бак ліг, але залишився напоготові.

Se il toro provava a mangiare o a bere, Buck colpiva con tutta la sua furia.
Якщо бик намагався їсти чи пити, Бак ударяв з усією люттю.

La grande testa del toro si abbassava sotto le enormi corna.
Величезна голова бика опустилася нижче під його величезними рогами.

Il suo passo rallentò, il trotto divenne pesante, un'andatura barcollante.
Його крок сповільнився, рись стала важкою; повільна хода.

Spesso restava immobile con le orecchie abbassate e il naso rivolto verso il terreno.
Він часто стояв нерухомо, опустивши вуха та притиснувши носа до землі.

In quei momenti Buck si prese del tempo per bere e riposare.
У ці моменти Бак знаходив час, щоб випити та відпочити.

Con la lingua fuori e gli occhi fissi, Buck sentì che la terra stava cambiando.
Висунувши язика, втупившись у очі, Бак відчув, як змінюється місцевість.

Sentì qualcosa di nuovo muoversi nella foresta e nel cielo.
Він відчув щось нове, що рухалося лісом і небом.

Con il ritorno delle alci tornarono anche altre creature selvatiche.

Коли повернулися лосі, повернулися й інші дикі істоти.
La terra sembrava viva di una presenza invisibile ma fortemente nota.
Земля ожила своєю присутністю, невидима, але водночас дуже відома.
Buck non lo sapeva tramite l'udito, la vista o l'olfatto.
Бак знав це не за звуком, не за зірком, не за запахом.
Un sentimento più profondo gli diceva che nuove forze erano in movimento.
Глибше відчуття підказувало йому, що рухаються нові сили.
Una strana vita si agitava nei boschi e lungo i corsi d'acqua.
Дивне життя вирувало лісами та вздовж струмків.
Decise di esplorare questo spirito una volta completata la caccia.
Він вирішив дослідити цього духа після завершення полювання.
Il quarto giorno, Buck riuscì finalmente a catturare l'alce.
На четвертий день Бак нарешті збив лося.
Rimase nei pressi della preda per un giorno e una notte interi, nutrendosi e riposandosi.
Він залишався біля здобичі цілий день і ніч, годуючи та відпочиваючи.
Mangiò, poi dormì, poi mangiò ancora, finché non fu forte e sazio.
Він їв, потім спав, потім знову їв, доки не зміцнів і не наситився.
Quando fu pronto, tornò indietro verso l'accampamento e Thornton.
Коли він був готовий, він повернувся до табору та Торнтона.
Con passo costante iniziò il lungo viaggio di ritorno verso casa.
Рівномірним кроком він розпочав довгу зворотну подорож додому.
Correva con la sua andatura instancabile, ora dopo ora, senza mai smarrirsi.

Він невтомно біг, година за годиною, ні разу не збившись з дороги.

Attraverso terre sconosciute, si muoveva dritto come l'ago di una bussola.

Крізь невідомі землі він рухався прямолінійно, як стрілка компаса.

Il suo senso dell'orientamento faceva sembrare deboli, al confronto, l'uomo e la mappa.

Його відчуття напрямку робило людину та карту слабкими в порівнянні.

Mentre Buck correva, sentiva sempre più forte l'agitazione nella terra selvaggia.

Коли Бак біг, він дедалі сильніше відчував ворух у дикій місцевості.

Era un nuovo tipo di vita, diverso da quello dei tranquilli mesi estivi.

Це було нове життя, не схоже на життя тихих літніх місяців.

Questa sensazione non giungeva più come un messaggio sottile o distante.

Це відчуття більше не приходило як ледь помітне чи віддалене послання.

Ora gli uccelli parlavano di questa vita e gli scoiattoli chiacchieravano.

Тепер птахи говорили про це життя, а білки цокали про нього.

Persino la brezza sussurrava avvertimenti tra gli alberi silenziosi.

Навіть вітерець шепотів попередження крізь мовчазні дерева.

Più volte si fermò ad annusare l'aria fresca del mattino.

Кілька разів він зупинявся і вдихав свіже ранкове повітря.

Lì lesse un messaggio che lo fece fare un balzo in avanti più velocemente.

Він прочитав там повідомлення, яке змусило його швидше стрибнути вперед.

Fu pervaso da un forte senso di pericolo, come se qualcosa fosse andato storto.
Його охопило важке відчуття небезпеки, ніби щось пішло не так.
Temeva che la calamità stesse per arrivare, o che fosse già arrivata.
Він боявся, що лихо наближається — або вже настало.
Superò l'ultima cresta ed entrò nella valle sottostante.
Він перетнув останній хребет і увійшов у долину внизу.
Si muoveva più lentamente, attento e cauto a ogni passo.
Він рухався повільніше, пильніше та обережніше з кожним кроком.
Dopo tre miglia trovò una pista fresca che lo fece irrigidire.
За три милі він знайшов свіжий слід, який змусив його заціпеніти.
I peli sul collo si rizzarono e si rizzarono in segno di allarme.
Волосся на його шиї стало дибки та хвилястим від тривоги.
Il sentiero portavà dritto all'accampamento dove Thornton aspettava.
Стежка вела прямо до табору, де чекав Торнтон.
Buck ora si muoveva più velocemente, con passi silenziosi e rapidi.
Бак тепер рухався швидше, його кроки були водночас безшумними та швидкими.
I suoi nervi si irrigidirono mentre leggeva segnali che altri non avrebbero notato.
Його нерви напружилися, коли він побачив ознаки, які інші пропустять.
Ogni dettaglio del percorso raccontava una storia, tranne l'ultimo pezzo.
Кожна деталь на стежці розповідала історію, окрім останньої.
Il suo naso gli raccontò della vita che aveva trascorso lì.
Його ніс розповідав йому про життя, що минуло тут.
L'odore gli fornì un'immagine mutevole mentre lo seguiva da vicino.

Запах змінював його картину, коли він йшов одразу за ними.

Ma la foresta stessa era diventata silenziosa, innaturalmente immobile.

Але сам ліс затих; він був неприродно нерухомий.

Gli uccelli erano scomparsi, gli scoiattoli erano nascosti, silenziosi e immobili.

Птахи зникли, білки сховалися, мовчазні та нерухомі.

Vide solo uno scoiattolo grigio, sdraiato su un albero morto.

Він побачив лише одну сіру білку, що лежала на мертвому дереві.

Lo scoiattolo si mimetizzava, rigido e immobile come una parte della foresta.

Білка злилася з натовпом, заціпеніла та нерухома, ніби частина лісу.

Buck si muoveva come un'ombra, silenzioso e sicuro tra gli alberi.

Бак рухався, як тінь, безшумно та впевнено, крізь дерева.

Il suo naso si mosse di lato come se fosse stato tirato da una mano invisibile.

Його ніс смикнувся вбік, ніби його смикнула невидима рука.

Si voltò e seguì il nuovo odore nel profondo di un boschetto.

Він повернувся і пішов за новим запахом глибоко в хащі.

Lì trovò Nig, steso morto, trafitto da una freccia.

Там він знайшов Ніга, що лежав мертвим, пронизаним стрілою.

La freccia gli attraversò il corpo, lasciando ancora visibili le piume.

Стріла пройшла крізь його тіло, пір'я все ще було видно.

Nig si era trascinato fin lì, ma era morto prima di riuscire a raggiungere i soccorsi.

Ніг дотягнувся туди сам, але помер, не дочекавшись допомоги.

Cento metri più avanti, Buck trovò un altro cane da slitta.

За сто ярдів далі Бак знайшов ще одного їздового собаку.

Era un cane che Thornton aveva comprato a Dawson City.

Це був собака, якого Торнтон купив ще в Доусон-Сіті.
Il cane lottava con tutte le sue forze, dimenandosi violentemente sul sentiero.
Собака щосили бився на стежці, борсаючись на смертельній небезпеці.
Buck gli passò accanto senza fermarsi, con gli occhi fissi davanti a sé.
Бак обійшов його, не зупиняючись, втупившись уперед.
Dalla direzione dell'accampamento proveniva un canto lontano e ritmico.
З боку табору долинав далекий ритмічний спів.
Le voci si alzavano e si abbassavano con un tono strano, inquietante, cantilenante.
Голоси піднімалися та стихали дивним, моторошним, співучим тоном.
Buck strisciò in silenzio fino al limite della radura.
Бак мовчки повз до краю галявини.
Lì vide Hans disteso a faccia in giù, trafitto da numerose frecce.
Там він побачив Ганса, що лежав обличчям донизу, пронизаного безліччю стріл.
Il suo corpo sembrava quello di un porcospino, irto di penne.
Його тіло було схоже на дикобраза, вкрите пір'ям.
Nello stesso momento, Buck guardò verso la capanna in rovina.
Тієї ж миті Бак подивився в бік зруйнованої хатини.
Quella vista gli fece rizzare i capelli sul collo e sulle spalle.
Від цього видовища волосся стало дибки на його шиї та плечах.
Un'ondata di rabbia selvaggia travolse tutto il corpo di Buck.
Буря дикої люті прокотилася по всьому тілу Бака.
Ringhiò forte, anche se non ne era consapevole.
Він голосно загарчав, хоча й не знав, що це сталося.
Il suono era crudo, pieno di una furia terrificante e selvaggia.
Звук був сирим, сповненим жахливої, дикунської люті.

Per l'ultima volta nella sua vita, Buck perse la ragione a causa delle emozioni.
Востаннє у своєму житті Бак втратив розум для емоцій.
Fu l'amore per John Thornton a spezzare il suo attento controllo.
Саме кохання до Джона Торнтона порушило його ретельне самовладання.
Gli Yeehats ballavano attorno alla baita in legno di abete rosso distrutta.
Йіхати танцювали навколо зруйнованого ялинового будиночка.
Poi si udì un ruggito e una bestia sconosciuta si lanciò verso di loro.
Потім пролунав рев — і невідомий звір кинувся на них.
Era Buck: una furia in movimento, una tempesta vivente di vendetta.
Це був Бак; лють у русі; жива буря помсти.
Si gettò in mezzo a loro, folle di voglia di uccidere.
Він кинувся до них, божевільний від бажання вбивати.
Si lanciò contro il primo uomo, il capo Yeehat, e colpì nel segno.
Він стрибнув на першого чоловіка, вождя йехатів, і вдарив прямо в ціль.
La sua gola era squarciata e il sangue schizzava a fiotti.
Його горло було розірване, і кров хлинула струмком.
Buck non si fermò, ma con un balzo squarciò la gola dell'uomo successivo.
Бак не зупинився, а одним стрибком розірвав горло наступному чоловікові.
Era inarrestabile: squarciava, tagliava, non si fermava mai a riposare.
Він був невпинний — рвів, рубав, ніколи не зупинявся на відпочинок.
Si lanciò e balzò così velocemente che le loro frecce non riuscirono a toccarlo.
Він кинувся та стрибнув так швидко, що їхні стріли не могли його зачепити.

Gli Yeehats erano in preda al panico e alla confusione.
Їхати були охоплені власною панікою та розгубленістю.
Le loro frecce non colpirono Buck e si colpirono tra loro.
Їхні стріли промахнулися невдало, а влучили одна в одну.
Un giovane scagliò una lancia contro Buck e colpì un altro uomo.
Один юнак кинув спис у Бака та вдарив іншого чоловіка.
La lancia gli trapassò il petto e la punta gli trafisse la schiena.
Спис пронизав його груди, вістря вибило спину.
Il terrore travolse gli Yeehats, che si diedero alla ritirata.
Жах охопив йіхатів, і вони почали повністю відступати.
Urlarono allo Spirito Maligno e fuggirono nelle ombre della foresta.
Вони закричали, накричавши на Злого Духа, і втекли в лісові тіні.
Buck era davvero come un demone mentre inseguiva gli Yeehats.
Справді, Бак був схожий на демона, коли переслідував Йіхатів.
Li inseguì attraverso la foresta, abbattendoli come cervi.
Він мчав за ними крізь ліс, збиваючи їх з ніг, немов оленів.
Divenne un giorno di destino e terrore per gli spaventati Yeehats.
Це став день долі та жаху для переляканих йіхатів.
Si dispersero sul territorio, fuggendo in ogni direzione.
Вони розбіглися по всій землі, тікаючи в усіх напрямках.
Passò un'intera settimana prima che gli ultimi sopravvissuti si incontrassero in una valle.
Минув цілий тиждень, перш ніж останні вижили зустрілися в долині.
Solo allora contarono le perdite e raccontarono quanto accaduto.
Тільки тоді вони підрахували свої втрати та розповіли про те, що сталося.
Buck, stanco dell'inseguimento, ritornò all'accampamento in rovina.

Бак, втомившись від погоні, повернувся до зруйнованого табору.

Trovò Pete, ancora avvolto nelle coperte, ucciso nel primo attacco.

Він знайшов Піта, все ще в ковдрах, убитим під час першого нападу.

I segni dell'ultima lotta di Thornton erano visibili nella terra lì vicino.

Сліди останньої боротьби Торнтона були позначені на землі неподалік.

Buck seguì ogni traccia, annusando ogni segno fino al punto finale.

Бак пройшов кожен слід, обнюхуючи кожну позначку до останньої точки.

Sul bordo di una profonda pozza trovò il fedele Skeet, immobile.

На краю глибокої ставкової затоки він знайшов вірного Скіта, який лежав нерухомо.

La testa e le zampe anteriori di Skeet erano nell'acqua, immobili nella morte.

Голова та передні лапи Скіта були у воді, нерухомі, як смерть.

La piscina era fangosa e contaminata dai liquidi di scarico delle chiuse.

Басейн був каламутний і забруднений стоками зі шлюзових коробок.

La sua superficie torbida nascondeva ciò che si trovava sotto, ma Buck conosceva la verità.

Його хмарна поверхня приховувала те, що лежало під нею, але Бак знав правду.

Seguì l'odore di Thornton nella piscina, ma non lo portò da nessun'altra parte.

Він відстежив запах Торнтона аж до басейну, але запах більше нікуди не вів.

Non c'era alcun odore che provenisse, solo il silenzio dell'acqua profonda.

Не було чути жодного запаху — лише тиша глибокої води.

Buck rimase tutto il giorno vicino alla piscina, camminando avanti e indietro per l'accampamento, addolorato.
Весь день Бак провів біля ставу, сумуючи табором.

Vagava irrequieto o sedeva immobile, immerso nei suoi pensieri.
Він неспокійно блукав або сидів нерухомо, заглиблений у важкі думки.

Conosceva la morte, la fine della vita, la scomparsa di ogni movimento.
Він знав смерть; кінець життя; зникнення будь-якого руху.

Capì che John Thornton se n'era andato e non sarebbe mai più tornato.
Він розумів, що Джона Торнтона більше немає і він ніколи не повернеться.

La perdita lasciò in lui un vuoto che pulsava come la fame.
Втрата залишила в ньому порожнечу, що пульсувала, немов голод.

Ma questa era una fame che il cibo non riusciva a placare, non importava quanto ne mangiasse.
Але це був голод, який їжа не могла вгамувати, скільки б він не їв.

A volte, mentre guardava i cadaveri di Yeehats, il dolore si attenuava.
Часом, коли він дивився на мертвих йіхатів, біль зникав.

E poi dentro di lui nacque uno strano orgoglio, feroce e totale.
І тоді всередині нього піднялася дивна гордість, люта та безмежна.

Aveva ucciso l'uomo, la preda più alta e pericolosa di tutte.
Він убив людину, це була найвища та найнебезпечніша дичина з усіх.

Aveva ucciso in violazione dell'antica legge del bastone e della zanna.
Він убив, порушуючи стародавній закон палиці та ікла.

Buck annusò i loro corpi senza vita, curioso e pensieroso.
Бак обнюхав їхні безжиттєві тіла, з цікавістю та задумою.

Erano morti così facilmente, molto più facilmente di un husky in combattimento.

Вони померли так легко — набагато легше, ніж хаскі в бійці.

Senza le armi non avrebbero avuto vera forza né avrebbero rappresentato una minaccia.

Без зброї вони не мали справжньої сили чи загрози.

Buck non avrebbe più avuto paura di loro, a meno che non fossero stati armati.

Бак більше ніколи їх не боятиметься, хіба що вони будуть озброєні.

Stava attento solo quando portavano clave, lance o frecce.

Він був обережним лише тоді, коли вони носили палиці, списи чи стріли.

Calò la notte e la luna piena spuntò alta sopra le cime degli alberi.

Настала ніч, і повний місяць зійшов високо над верхівками дерев.

La pallida luce della luna avvolgeva la terra in un tenue e spettrale chiarore, come se fosse giorno.

Бліде світло місяця заливало землю м'яким, примарним сяйвом, подібним до денного.

Mentre la notte avanzava, Buck continuava a piangere presso la pozza silenziosa.

Коли ніч згущалася, Бак все ще сумував біля мовчазної ставкової затоки.

Poi si accorse di un diverso movimento nella foresta.

Потім він почув якийсь інший шепіт у лісі.

L'agitazione non proveniva dagli Yeehats, ma da qualcosa di più antico e profondo.

Ворушіння йшло не від Йіхатів, а від чогось давнішого та глибшого.

Si alzò in piedi, drizzò le orecchie e tastò con attenzione la brezza con il naso.

Він підвівся, задерши вуха, обережно принюхавшись носом до вітерця.

Da lontano giunse un debole e acuto grido che squarciò il silenzio.
Здалеку долинув слабкий, різкий крик, що прорізав тишу.
Poi un coro di grida simili seguì subito dopo il primo.
Потім одразу за першим пролунав хор подібних криків.
Il suono si avvicinava sempre di più, diventando sempre più forte con il passare dei minuti.
Звук наближався, з кожною миттю ставав голоснішим.
Buck conosceva quel grido: proveniva da quell'altro mondo nella sua memoria.
Бак знав цей крик — він лунав з того іншого світу в його пам'яті.
Si recò al centro dello spazio aperto e ascoltò attentamente.
Він підійшов до центру відкритого простору й уважно прислухався.
L'appello risuonò più forte che mai, più sentito e più potente che mai.
Дзвінок пролунав, багатоголосний і потужніший, ніж будь-коли.
E ora, più che mai, Buck era pronto a rispondere alla sua chiamata.
І тепер, як ніколи раніше, Бак був готовий відповісти на своє покликання.
John Thornton era morto e in lui non era rimasto alcun legame con l'uomo.
Джон Торнтон помер, і в ньому не залишилося жодного зв'язку з людиною.
L'uomo e tutte le pretese umane erano svaniti: era finalmente libero.
Людина і всі людські претензії зникли — він нарешті став вільним.
Il branco di lupi era a caccia di carne, proprio come un tempo avevano fatto gli Yeehats.
Вовча зграя ганялася за м'ясом, як колись йіхати.
Avevano seguito le alci mentre scendevano dalle terre boscose.
Вони переслідували лосів з лісистих угідь.

Ora, selvaggi e affamati di prede, attraversarono la sua valle.
Тепер, дикі та спраглі здобичі, вони перейшли в його долину.
Giunsero nella radura illuminata dalla luna, scorrendo come acqua argentata.
На залиту місячним сяйвом галявину вони вийшли, текучи, немов срібна вода.
Buck rimase immobile al centro, in attesa.
Бак стояв нерухомо посеред, чекаючи на них.
La sua presenza calma e imponente lasciò il branco senza parole, tanto da farlo restare per un breve periodo in silenzio.
Його спокійна, велика присутність приголомшила зграю, і вона на мить змусила її мовчати.
Allora il lupo più audace gli saltò addosso senza esitazione.
Тоді найсміливіший вовк без вагань стрибнув прямо на нього.
Buck colpì rapidamente e spezzò il collo del lupo con un solo colpo.
Бак завдав швидкого удару та зламав вовкові шию одним ударом.
Rimase di nuovo immobile mentre il lupo morente si contorceva dietro di lui.
Він знову завмер, поки вмираючий вовк виляв позаду нього.
Altri tre lupi attaccarono rapidamente, uno dopo l'altro.
Ще три вовки швидко напали, один за одним.
Ognuno di loro si ritrasse sanguinante, con la gola o le spalle tagliate.
Кожен відступив, стікаючи кров'ю, з порізаними горлами або плечима.
Ciò fu sufficiente a scatenare una carica selvaggia da parte dell'intero branco.
Цього було достатньо, щоб вся зграя кинулася в шалену атаку.
Si precipitarono tutti insieme, troppo impazienti e troppo ammassati per colpire bene.

Вони кинулися разом, надто нетерплячі та скупчені, щоб добре вдарити.
La velocità e l'abilità di Buck gli permisero di anticipare l'attacco.
Швидкість та майстерність Бака дозволили йому випередити атаку.
Girò sulle zampe posteriori, schioccando i denti e colpendo in tutte le direzioni.
Він крутився на задніх лапах, клацаючи крилами та б'ючись у всі боки.
Ai lupi sembrò che la sua difesa non si fosse mai aperta o avesse vacillato.
Вовкам здавалося, що його захист ніколи не відкривався і не хитався.
Si voltò e colpì così velocemente che non riuscirono a raggiungerlo alle spalle.
Він розвернувся і замахнувся так швидко, що вони не змогли відійти від нього.
Ciononostante, il loro numero lo costrinse a cedere terreno e a ritirarsi.
Однак їхня кількість змусила його поступитися та відступити.
Superò la piscina e scese nel letto roccioso del torrente.
Він пройшов повз ставок і спустився в кам'янисте русло струмка.
Lì si imbatté in un ripido pendio di ghiaia e terra.
Там він натрапив на крутий берег з гравію та землі.
Si è infilato in un angolo scavato durante i vecchi scavi dei minatori.
Він пробрався в кутовий виріз під час старої копальної роботи шахтарів.
Ora, protetto su tre lati, Buck si trovava di fronte solo al lupo frontale.
Тепер, захищений з трьох боків, Бак стояв проти лише переднього вовка.
Lì rimase in attesa, pronto per la successiva ondata di assalto.

Там він стояв осторонь, готовий до наступної хвилі штурму.
Buck mantenne la posizione con tanta ferocia che i lupi indietreggiarono.
Бак так завзято тримався на своєму, що вовки відступили.
Dopo mezz'ora erano sfiniti e visibilmente sconfitti.
Через півгодини вони були виснажені та помітно розбиті.
Le loro lingue pendevano fuori e le loro zanne bianche brillavano alla luce della luna.
Їхні язики звисали, а білі ікла блищали у місячному світлі.
Alcuni lupi si sdraiano, con la testa alzata e le orecchie dritte verso Buck.
Кілька вовків лягли, піднявши голови та нашорошивши вуха до Бака.
Altri rimasero immobili, attenti e osservarono ogni suo movimento.
Інші стояли нерухомо, пильно стежачи за кожним його рухом.
Qualcuno si avvicinò alla piscina e bevve l'acqua fredda.
Кілька людей підійшли до басейну та напилися холодної води.
Poi un lupo grigio, lungo e magro, si fece avanti furtivamente, con passo gentile.
Потім один довгий, худий сірий вовк тихо підкрався вперед.
Buck lo riconobbe: era il fratello selvaggio di prima.
Бак упізнав його — це був той самий дикий брат з минулого.
Il lupo grigio uggiolò dolcemente e Buck rispose con un guaito.
Сірий вовк тихо заскиглив, і Бак відповів йому скиглинням.
Si toccarono il naso, silenziosamente, senza timore o minaccia.
Вони торкнулися носами, тихо, без погрози чи страху.
Poi venne un lupo più anziano, scarno e segnato dalle numerose battaglie.

Далі йшов старий вовк, виснажений і пошрамований від численних битв.
Buck cominciò a ringhiare, ma si fermò e annusò il naso del vecchio lupo.
Бак почав гарчати, але зупинився і понюхав ніс старого вовка.
Il vecchio si sedette, alzò il naso e ululò alla luna.
Старий сів, задер носа і завив на місяць.
Il resto del branco si sedette e si unì al lungo ululato.
Решта зграї сіла та приєдналася до протяжного виття.
E ora la chiamata giunse a Buck, inequivocabile e forte.
І ось поклик пролунав до Бака, безпомилковий і сильний.
Si sedette, alzò la testa e ululò insieme agli altri.
Він сів, підняв голову та завив разом з іншими.
Quando l'ululato cessò, Buck uscì dal suo riparo roccioso.
Коли виття закінчилося, Бак вийшов зі свого кам'янистого укриття.
Il branco si strinse attorno a lui, annusando con gentilezza e cautela.
Зграя оточила його, обнюхуючи його водночас доброзичливо та обережно.
Allora i capi lanciarono un grido e si precipitarono nella foresta.
Тоді ватажки верещали та кинулися геть у ліс.
Gli altri lupi li seguirono, guaendo in coro, selvaggi e veloci nella notte.
Інші вовки пішли за ними, гавкаючи хором, дико та швидко вночі.
Buck corse con loro, accanto al suo selvaggio fratello, ululando mentre correva.
Бак біг з ними поруч зі своїм диким братом, виючи на бігу.

Qui la storia di Buck giunge al termine.
Тут історія Бака доречно завершується.
Negli anni a seguire, gli Yeehats notarono degli strani lupi.
У наступні роки йіхати помітили дивних вовків.
Alcuni avevano la testa e il muso marroni e il petto bianco.

Деякі мали коричневе забарвлення на голові та мордочках, біле на грудях.

Ma ancora di più temevano la presenza di una figura spettrale tra i lupi.

Але ще більше вони боялися примарної постаті серед вовків.

Parlavano a bassa voce del Cane Fantasma, il capo del branco.

Вони пошепки розмовляли про Собаку-Привида, ватажка зграї.

Questo cane fantasma era più astuto del più audace cacciatore di Yeehat.

Цей Пес-Привид був хитріший, ніж найсміливіший мисливець на йіхатів.

Il cane fantasma rubava dagli accampamenti nel cuore dell'inverno e faceva a pezzi le loro trappole.

Собака-привид крав з таборів глибокої зими та розривав їхні пастки.

Il cane fantasma uccise i loro cani e sfuggì alle loro frecce senza lasciare traccia.

Собака-привид убив їхніх собак і безслідно уникнув їхніх стріл.

Perfino i guerrieri più coraggiosi avevano paura di affrontare questo spirito selvaggio.

Навіть найхоробріші їхні воїни боялися зіткнутися з цим диким духом.

No, la storia diventa ancora più oscura con il passare degli anni trascorsi nella natura selvaggia.

Ні, історія стає ще темнішою, з роками, що минають у дикій природі.

Alcuni cacciatori scompaiono e non fanno più ritorno ai loro accampamenti lontani.

Деякі мисливці зникають і ніколи не повертаються до своїх віддалених таборів.

Altri vengono trovati con la gola squarciata, uccisi nella neve.

Інших знаходять із розірваним горлом, убитих у снігу.

Intorno ai loro corpi ci sono delle impronte più grandi di quelle che un lupo potrebbe mai lasciare.
Навколо їхніх тіл сліди — більші, ніж міг би залишити будь-який вовк.
Ogni autunno, gli Yeehats seguono le tracce dell'alce.
Щоосені Йіхати йдуть слідами лося.
Ma evitano una valle perché la paura è scolpita nel profondo del loro cuore.
Але вони уникають однієї долини, бо страх глибоко закарбувався в їхніх серцях.
Si dice che la valle sia stata scelta dallo Spirito Maligno come sua dimora.
Кажуть, що долину обрав Злий Дух для свого дому.
E quando la storia viene raccontata, alcune donne piangono accanto al fuoco.
І коли цю історію розповідають, деякі жінки плачуть біля вогню.
Ma d'estate, c'è un visitatore che giunge in quella valle sacra e silenziosa.
Але влітку один відвідувач приїжджає до тієї тихої, священної долини.
Gli Yeehats non lo conoscono e non potrebbero capirlo.
Йхати не знають про нього та й не можуть зрозуміти.
Il lupo è un animale grandioso, ricoperto di gloria, come nessun altro della sua specie.
Вовк — великий, укритий славою, не схожий на жодного іншого в своєму роді.
Lui solo attraversa il bosco verde ed entra nella radura della foresta.
Він один переходить через зелений ліс і виходить на лісову галявину.
Lì, la polvere dorata contenuta nei sacchi di pelle d'alce si infiltra nel terreno.
Там золотий пил з мішків зі шкіри лося просочується в грунт.
L'erba e le foglie vecchie hanno nascosto il giallo del sole.
Трава та старе листя сховали жовтий колір від сонця.

Qui il lupo resta in silenzio, pensando e ricordando.
Ось вовк стоїть мовчки, думає та згадує.
Urla una volta sola, a lungo e lugubremente, prima di girarsi e andarsene.
Він виє один раз — довго та тужливо — перш ніж повертається, щоб піти.
Ma non è sempre solo nella terra del freddo e della neve.
Однак він не завжди один у країні холоду та снігу.
Quando le lunghe notti invernali scendono sulle valli più basse.
Коли довгі зимові ночі опускаються на нижні долини.
Quando i lupi seguono la selvaggina attraverso il chiaro di luna e il gelo.
Коли вовки переслідують дичину крізь місячне світло та мороз.
Poi corre in testa al gruppo, saltando in alto e in modo selvaggio.
Потім він біжить на чолі зграї, високо та шалено стрибаючи.
La sua figura svetta sulle altre, la sua gola risuona di canto.
Його постать височіє над іншими, а горло ожило від пісні.
È il canto del mondo più giovane, la voce del branco.
Це пісня молодого світу, голос зграї.
Canta mentre corre: forte, libero e per sempre selvaggio.
Він співає, бігаючи — сильний, вільний і вічно дикий.

www.ingramcontent.com/pod-product-compliance
Lightning Source LLC
Chambersburg PA
CBHW010031040426
42333CB00048B/2800